Andreas Pawlas

Salz der Erde

Andreas Pawlas

Salz der Erde

Predigten im Jahreskreis mit Gesamtregister 1998 - 2013

Fromm Verlag

Impressum / Imprint
Bibliografische Information der Deutschen Nationalbibliothek: Die Deutsche Nationalbibliothek verzeichnet diese Publikation in der Deutschen Nationalbibliografie; detaillierte bibliografische Daten sind im Internet über http://dnb.d-nb.de abrufbar.

Bibliographic information published by the Deutsche Nationalbibliothek: The Deutsche Nationalbibliothek lists this publication in the Deutsche Nationalbibliografie; detailed bibliographic data are available in the Internet at http://dnb.d-nb.de.

Coverbild / Cover image: www.ingimage.com

Verlag / Publisher:
Fromm Verlag
ist ein Imprint der / is a trademark of
AV Akademikerverlag GmbH & Co. KG
Heinrich-Böcking-Str. 6-8, 66121 Saarbrücken, Deutschland / Germany
Email: info@frommverlag.de

Herstellung: siehe letzte Seite /
Printed at: see last page
ISBN: 978-3-8416-0398-2

SALZ DER ERDE

INHALTSVERZEICHNIS

VORWORT

Es ist zweifellos nicht sehr originell, in dieser Zeit einen Predigtband unter dem Titel „Salz der Erde“ vorzulegen. Denn in vorangegangenen Zeitaltern haben schon viele Predigtbände vieler Autoren diesen Titel und dieses Motto erhalten. Deshalb wäre gegenwärtig ein solcher Tatbestand für ein neues Buch-Projekt eigentlich vernichtend. Denn heutzutage muss alles originell, neu und aufregend sein, um „am Markt“ wahrgenommen und dann angenommen zu werden. Denn gutteils richtet sich die Aufmerksamkeit vieler Menschen in Staat, Wirtschaft und Gesellschaft nur noch auf neue Zusammenhänge und „Events“, die starke und weithin sichtbare Signale in alle Richtungen aussenden. Und das liegt nicht nur daran, dass man etwa die Sorge hat, irgendeinen „Spaß“ zu verpassen, sondern auch dass man fürchtet, in dieser heutigen Welt anders nicht überleben zu können.

Umso wichtiger ist es da, sich der Frage zu stellen, was denn ein Mensch wirklich braucht, um in dieser Welt überleben zu können, welche Qualität dieses Leben haben muss, und welche Perspektiven es über dieses Leben hinaus gibt.

Und da wussten eben Prediger zu allen Zeiten durchaus, dass es das gepredigte Wort Gottes ist, das nicht nur das „Salz in der Suppe des Lebens“ ist, und es das Leben daher vor Gott und den Menschen gewürzt und lebenswert macht, sondern dass vor allem aus der Predigt, wie vom Hl. Apostels Paulus verheißen, der Glaube kommt (Rö 10,17). Und es ist ja wiederum allein der Glaube, der dann Menschen zu Jüngern in die Nachfolge Christi ruft, und damit nach der Verkündigung der Bergpredigt (Mt 5,13) zum „Salz der Erde“ macht.

Es hat daher dennoch tiefen Sinn, für diesen, meinen fünfzehnten und letzten Predigtband dieses eindringliche Wort „Salz der Erde“ als Titel und Motto zu wählen. In ihm sind achtzehn Predigten aus den letzten Jahren zusammengetragen. Dabei ist der Wortlaut des jeweilig auszulegenden Gotteswortes der Predigt wieder in voller Länge vorangestellt.

Weil nun dieser Predigtband mein letzter ist, wird ihm am Ende ein Register beigefügt: Es umfasst einerseits eine Gesamtzusammenstellung der verordneten Bibelworte, über die in den bisher seit 1998 vorgelegten fünfzehn Predigtbänden[1] eine entsprechende Predigt zu finden ist. Andererseits ist aber auch eine Gesamtzusammenstellung aller Predigten dieser Predigtbände nach den jeweiligen Sonn- und Feiertagen beigefügt. Im Großen und Ganzen habe ich mich dabei in der Auswahl dieser Bibelworte an die von der Lutherischen Liturgischen Konferenz verordnete Perikopenordnung[2] gehalten. Insgesamt ist damit für einen großen Teil der als Sonn- und Feiertagstagspredigt verordneten Bibelworte eine Auslegung erreichbar, in einigen Fällen auch mehrere. Vielleicht kann dieses Gesamtregister auf diese Weise treuen Predigthörern oder auch angehenden Predigern, die in diesen Predigtbänden Anregung und Impulse suchen, hilfreich sein.

Aus welchem Anlass man nun auch in dieses oder auch die vorangegangen Büchlein schauen wollte, mögen doch alle diese Predigten die Seelen vieler Menschen begleiten, damit sie erst „Salz der Erde" und dann eine Freude im Himmel sein können. So segne unser Gott den Weg und die Arbeit dieser Predigten!

Sparrieshoop, im Sommer 2013 *Andreas Pawlas*

I. ADVENT UND WEIHNACHTEN

Predigt über Lk 1,67-79 zum 1. Advent[3]

(Zacharias, der Vater Johannes des Täufers, wurde vom heiligen Geist erfüllt, weissagte und sprach nach der Geburt seines Sohnes):

Gelobt sei der Herr, der Gott Israels! Denn er hat besucht und erlöst sein Volk und hat uns aufgerichtet eine Macht des Heils im Hause seines Dieners David - wie er vorzeiten geredet hat durch den Mund seiner heiligen Propheten -, dass er uns errettete von unsern Feinden und aus der Hand aller, die uns hassen, und Barmherzigkeit erzeigte unsern Vätern und gedächte an seinen heiligen Bund und an den Eid, den er geschworen hat unserm Vater Abraham, uns zu geben, dass wir, erlöst aus der Hand unsrer Feinde, ihm dienten ohne Furcht unser Leben lang in Heiligkeit und Gerechtigkeit vor seinen Augen.
Und du, Kindlein, wirst ein Prophet des Höchsten heißen. Denn du wirst dem Herrn vorangehen, dass du seinen Weg bereitest, und Erkenntnis des Heils gebest seinem Volk in der Vergebung ihrer Sünden, durch die herzliche Barmherzigkeit unseres Gottes, durch die uns besuchen wird das aufgehende Licht aus der Höhe, damit es erscheine denen, die sitzen in Finsternis und Schatten des Todes, und richte unsere Füße auf den Weg des Friedens.

Liebe Gemeinde am ersten Advent!

Wie ***fremd*** und ***weit weg*** klingen für uns die Worte dieses Zacharias! Und das, wo wir doch heute bitte in den ***Advent*** eingestimmt werden wollen. Was soll uns da ein so merkwürdiger Lobgesang helfen, in dem wir etwas langatmig an die ganze Geschichte des Alten Gottesvolkes erinnert werden, an seine Erfahrungen und Hoffnungen?

Wer nun etwas Sinn für Geschichte und fremde Sitten hat, der wird vielleicht dabei hinnehmen, dass es in alten Zeiten ganz plausibel erschien, dass zu einem Ereignis seine ganze Entwicklungsgeschichte mit dazu gehört. Deshalb muss zur adventlichen Vorbereitung nicht nur die Geschichte des Alten Gottesvolkes gehören. Sondern als Vorläufer Jesu Christi, auf dessen Geburt in der Hl. Nacht alles hinausläuft, gehört auch der Lebensweg Johannes des Täufers, und natürlich dann auch bereits ***dessen Geburt*** mit dazu, nach der ja sein Vater, der Priester Zacharias, den Lobgesang anstimmt, den wir gerade als Bibelwort gehört haben.

Aber Hand aufs Herz: Aus heutiger nüchterner Perspektive erscheint doch eine solche Vorbereitung eines Festes ***sehr üppig***. Und wir wundern uns schon gar nicht mehr darüber, wenn uns heute jemand kritisch fragt: „Was soll denn eine solch ***aufwendige*** Vorbereitung? Und überhaupt: Was soll eine solche ***wochenlange Adventszeit***? Immerhin mehr als drei Wochen! Und dann gibt es auch noch diesen Brauch, zwischen den Adventssonntagen zu ***fasten***, so wie man sich in der alten Christenheit eben schon immer auf große Feste vorbereitete.“ Und manches Mal folgt dann zügig die Nachfrage: „Reicht es denn nicht, schlicht zu ***wissen***, dass am 24. Dezember der Heilige Abend ist? Denn ***dann*** könnte man ja beginnen, sich darauf einzustimmen und einzurichten.“

Aber liebe Gemeinde, ein solcher Einwand ist schlicht unrealistisch! Denken wir doch allein einmal an die Sportler bei der diesjährigen Olympiade in London. Wie lange haben die sich auf dieses große Fest der Völker vorbereitet? Nein, nicht Wochen, sondern Jahre! Oder ein anderes beinahe ***banales Beispiel***, das Sie sicherlich schon einmal genauso wie ich erlebt haben: Da war ich zu einer Festlichkeit eingeladen, hatte aber keine Möglichkeit, mich vorher zu waschen und umzuziehen, sondern musste mich aus dem wühligen Alltagsgetriebe direkt in die Feierlichkeiten hineinstürzen. Aber wie hätte ich mich dabei ***wohl*** fühlen können? Ja, mir war das Fest eigentlich ***verdorben.*** Nein, das kann jeder einsehen. Zu ***großen Festen*** gehört ***große Vorbereitung***! Darum überlege ich, ob sich nicht, wenn jemand Advent als Vorbereitung für das Christfest abwehren will, hinter dieser Abwehr etwas ganz ***Anderes*** verbirgt.

Was das sein könnte? Da gibt es natürlich Verschiedenes. Aber ich muss jetzt an Menschen denken, für die allein die Erwähnung von Advent und Weihnachten einen ***heimlichen Schrecken*** bedeutet. Und das wohl weniger, weil dadurch mit einem Male deutlich wird, wie ***schnell*** wieder einmal die Zeit verflogen ist. Sondern weil vielmehr für manche aus der Erfahrung der letzten Jahre so etwas wie ***Furcht*** gewachsen ist. ***Furcht***, dass sie in dieser Zeit an ***Dimensionen*** erinnert werden könnten, die man sonst lieber verdrängt und verschweigt. Nämlich an Wirklichkeiten und Zusammenhänge, die unserem Alltag völlig fremd geworden sind, so etwa an das hintergründige Wirken, Richten und Fügen Gottes in der Weltgeschichte und in der eigenen Lebensgeschichte, was man ansonsten meint, leicht übergehen zu können. Aber ähnlich gewichtig ist die Furcht anderer, dass sich zu Advent und Weihnachten mit einem Male Gefühle zeigen und Oberhand gewinnen könnten, die einen eventuell aus dem Gleichgewicht bringen oder gar ***verletzlich*** machen könnten: Gefühle der Rührung oder der Sehnsucht, aber auch und nicht weniger stark – Gefühle der ***Einsamkeit*** und ***bitterer Leere***.

Allerdings: wenn es in der Adventszeit um so ***Wichtiges*** geht, dann müsste es doch für einen modernen Menschen eigentlich umso ***wichtiger*** sein, sich mit Leib und Seele darauf vorzubereiten. Und so kennen wir auch genügend gute Beispiele aus unserer unmittelbar benachbarten Natur für die Zweckmäßigkeit und Sinnhaftigkeit gediegener Vorbereitung auf lebensentscheidende Dinge. Vorlauf und Vorbereitung gehören offenbar einfach zu unserem Leben und offenbar auch zur Natur. Denken wir allein an die Vögel, die die Mühe des Nestbaus, also die Vorbereitung auf den heiß erwarteten Nachwuchs, bereits auf sich nehmen, lange ehe er sich dann wirklich einstellt.

Bei „Vorlauf“ muss ich allerdings an Pferde denken und gehe dabei etwas über nüchterne Zweckmäßigkeit und Sinnhaftigkeit hinaus. Denn ist es nicht so, dass Pferde sogar ***schneller*** rennen, wenn sie den heimatliche Stall wittern, in denen ihnen Ruhe und Erholung winkt?

Moment, sollte dieses Pferdebeispiel etwa heißen, dass wir in der ohnehin trubeligen Adventszeit in Vorbereitung jetzt ***noch*** schneller rennen, jetzt ***noch*** mehr hetzen, uns jetzt ***noch*** mehr unter Streß setzen sollten? Was wäre ***das*** für eine Botschaft? Bestimmt ***keine frohe*** Botschaft!

Aber wie ist das denn bei dem Zacharias, dem Vater Johannes des Täufers, fängt der denn etwa an, noch ***schneller*** zu rennen, noch ***mehr*** zu hetzen und sich noch ***mehr*** unter Stress zu setzen? ***Überhaupt nicht***! Sondern er beginnt genau ***das***, was wir jetzt hier im Gottesdienst machen: Er stimmt ein Loblied an Gott zu Ehren – und das tut er, obwohl er doch noch gar nichts wusste vom Stall zu Bethlehem, vom Christus-Kind in der Krippe. Nein, das konnte er doch noch überhaupt nicht ***ahnen***. Er konnte doch noch nicht einmal wissen, wie dann sein einziger und ersehnter Sohn in der Wüste lebend und im Jordan taufend die Menschen zur Buße und Umkehr rufen würde! Nein, das alles wusste er noch nicht. Aber vom heiligen Geist erfüllt wusste er dennoch das ***Eine*** und ***Entscheidende***. Und er bereitete sich darum im Hinblick auf dieses Eine und Entscheidende richtig ***vor***: Er wusste, dass Gott nun ***handeln*** würde, nein, dass Gott schon gehandelt ***hat***. Denn er ***hat*** ja mit Johannes einen großen Propheten unter das damalige Volk geschickt, so wie er es in seiner Geschichte mit uns Menschen aus seiner Barmherzigkeit immer wieder getan hatte. Darum lobte Zacharias Gott und bekannte: ***„Gott hat besucht und erlöst sein Volk Und er hat uns aufgerichtet eine Macht des Heils!“*** Also noch ehe ein menschliches Auge hatte sehen können, welche welterschütternden Umwälzungen durch die Ankunft des Erlösers Jesus Christus erfolgen sollte, da ***lobt Zacharias bereits Gott***!

Und was würde wohl mit uns geschehen, wenn ***wir*** uns so wie Zacharias ***sicher*** wären, dass Gott mit einem Male an der ganzen Welt und an uns ***ganz persönlich*** handeln würde? Was würde denn mit uns wohl geschehen, wenn wir wie Zacharias fest glaubten, dass Gott unsere Sehnsucht und unsere Hoffnungen, unser so mühseliges vergebliches Strampeln ***schon lange kennt*** und nun ***endlich, endlich handeln würde?*** Dann würde doch so viel ***anders***. Was würde da alles an Mühe und Verkrampfung von uns abfallen. Und vielleicht ***könnten*** wir dann überhaupt nicht anders, als genauso wie Zacharias anzufangen, Gott zu loben!

Dabei haben wir doch eigentlich noch ***mehr*** Grund, Gott zu loben als Zacharias. Denn im Gegensatz zum alten Zacharias ***haben*** wir doch bereits eine Vorstellung von Jesus Christus, wie in ihm ***Gott Mensch*** wird, eben wie Christus als Kind in der Krippe geboren wird, nach Jerusalem einreitet und dann die Welt durch seinen Tod, sein Kreuz und seine Auferstehung erlöst.

Wir haben also ***viel mehr*** Gründe als der vom heiligen Geist erfüllte Zacharias, unsere bisherige enge Lebensperspektive zu verlassen und uns mit Haut und Haaren einzulassen in die Gewissheit, dass Gott in Christus an uns handeln ***wird*** und dass Gott in Christus an uns gehandelt ***hat***. Und ***dann*** sind wir auch schon ***jetzt*** hier an diesem ersten Advent ***belebt*** und ***ergriffen*** - möglicherweise ähnlich wie der vom heiligen Geist erfüllte Zacharias. Vielleicht aber sogar irgendwie auch ***so belebt*** und ***angespornt*** wie die vorhin angesprochenen Pferde, die schneller rennen, wenn sie den heimatliche Stall wittern.

Aber noch einmal, wenn uns der Duft von Adventskerzen und Zimtsternen in die Nase steigt, dann bitte ***kein schnelleres*** Rennen, aber Belebung in ***Besinnung*** und ***Einkehr*** und auch ein ***neuer Lobgesang*** wie bei Zacharias. Ein neuer Lobgesang, in den auch ***die*** einstimmen können, die da sitzen in Finsternis und im Schatten des Todes. Und da gibt es viele unter ***uns*** und auf der ***ganzen Welt***.

Ja, bereits der erste Schimmer des aufgehenden Lichtes aus der Höhe, der will auch ***die*** erreichen, denen alle Hoffnung vergangen ist und die unter Schmerzen und Klagen vergehen müssen. Denn sie sollen ***neue Hoffnung*** fassen können und sich auf das Licht aus der Höhe ausrichten. Warum?

Weil das sich ankündigende Kind in der Krippe in seiner wunderbaren Kraft doch ***wirklich*** alle unsere Sehnsucht erfüllen und alle Schmerzen stillen will, ja, sogar allen Tod überwinden will, indem es den Tod für uns auf sich nimmt. Genau ***so*** soll es auch alles ganz ***persönlich*** an einem ***jeden*** von uns geschehen, wir müssen nur ***endlich*** so fest wie Zacharias damit ***rechnen***, darüber staunen und darüber dankbar sein, dass Gott an uns ***handelt***, ja, dass er schon an uns gehandelt ***hat***! Diese hoffnungsvolle und frohe Gewissheit geleite uns durch die jetzige Adventszeit, durch die anstehende Weihnachtszeit bis in Gottes Ewigkeit.
Amen.

Predigt über 1. Joh 3,1-6
am 1. Weihnachtstag 2011[4]

Seht, welch eine Liebe hat uns der Vater erwiesen, dass wir Gottes Kinder heißen sollen - und wir sind es auch! Darum kennt uns die Welt nicht; denn sie kennt ihn nicht. Meine Lieben, wir sind schon Gottes Kinder; es ist aber noch nicht offenbar geworden, was wir sein werden. Wir wissen aber: wenn es offenbar wird, werden wir ihm gleich sein; denn wir werden ihn sehen, wie er ist. Und ein jeder, der solche Hoffnung auf ihn hat, der reinigt sich, wie auch jener rein ist. Wer Sünde tut, der tut auch Unrecht, und die Sünde ist das Unrecht. Und ihr wisst, dass er erschienen ist, damit er die Sünden wegnehme, und in ihm ist keine Sünde. Wer in ihm bleibt, der sündigt nicht; wer sündigt, der hat ihn nicht gesehen und nicht erkannt.

Liebe Gemeinde!

Im ersten Moment hört es sich so an, als wäre das ein völlig unweihnachtliches Wort, das uns heute für die Predigt am Ersten Weihnachtsfeiertag verordnet ist. Denn da ist von Weihnachten überhaupt nichts zu hören! Und wo etwa tauchen da Ochs oder Esel auf? Und ist da irgendwo von Hirten oder Engeln die Rede, oder von Maria noch Josef und dem Kind in der Krippe. Aber so kann man doch wirklich nicht Weihnachten feiern!

Allerdings, wenn man einmal genau zuhört, wie dieses Gotteswort an diesem Weihnachtsmorgen beginnt, dann kann man vielleicht doch entdecken, dass da von Weihnachten die Rede ist, und zwar sogar von dem Entscheidenden. Also wovon? Doch von der ***Liebe***, die uns der Vater im Himmel erwiesen hat!

Nein, bitte jetzt nichts verwechseln! Denn von den vielen schönen Geschenken, die es gestern Nacht, eben in der Heiligen Nacht gegeben hat, von denen ist hier nicht die Rede. Jedenfalls nicht ***unmittelbar***. Denn was sind Geschenke? Geschenke sind ja nicht selbst die Liebe, sondern sie sind ja nur ***Zeichen***, durch die wir Liebe verspüren können sollen. Welche Liebe? Einmal die Liebe des Schenkenden. Dann aber auch die Liebe Gottes, die uns durch die Liebe der Schenkenden erreichen will.

Ja, und wie war das nun gestern Abend? Hat uns da eigentlich direkt und auf diesem indirekten Weg die große Liebe Gottes erreicht? Mancher kann da sicherlich sofort antworten, wie schön und bewegend es war, in der Heiligen Nacht von der Liebe Gottes zu uns Menschen und auch durch uns Menschen berührt worden zu sein. Vielleicht zehrt mancher ein ganzes Jahr von all` dem Schönen, das er hatte erfahren dürfen.

Auf der anderen Seite wissen wir aber auch genau, wie vielen Menschen es in dieser Nacht schlecht ging. Aus manchen Beratungsstellen ist zu hören, dass die Christnacht zu den Nächten gehört, in denen es unendlich viel Konflikte und Probleme gibt. Warum? Weil doch gerade zur Weihnacht so viele ihre Einsamkeit besonders verspüren und weil manche gerade zur Weihnacht Krankheit, Schmerzen und Sorgen besonders stark empfinden. Und das kann gut mit den großen Erwartungen an die Heilige Nacht zu tun haben, so groß und so hoch, dass sie nur enttäuscht werden können. Kein Wunder, dass dann so mancher erleben muss, wie so übergroße Hoffnungen bitterer Ernüchterung weichen mussten oder wie gar alle Festfreude in Zank, Neid und Streit untergingen.

Nun dürfen wir uns aber in ***einem*** sicher sein, nämlich, dass es in unserem Gotteswort zum ersten Weihnachtstag um etwas geht, was ***nicht*** untergehen kann. Dabei bitte nichts gegen schöne Geschenke als wunderbare Zeichen der Liebe, aber hier geht es um ***mehr***. Und das sagt uns unser Gotteswort: Gott hat uns nämlich ***unwiderruflich*** seine Liebe erwiesen. Wodurch? Doch dadurch, dass er uns in der Christnacht seinen Sohn geschenkt hat, dass Gott damit selbst Mensch geworden ist: in aller der Begrenztheit und Armut des menschlichen Wesens. Dass Gott selbst ein ***Kind*** geworden ist, das in seiner Ohnmacht und Hilflosigkeit nur dadurch überleben kann, dass Menschen ihm helfen, dass Menschen es lieben.

Und so, durch dieses bestaunenswerte Wunder, also durch das Christuskind in der Krippe, stößt Gott in uns nicht nur das ***Staunen*** und das ehrfürchtige ***Gebet*** an, sondern auch die ***Liebe***. Denn ein hilfloses, ohnmächtiges Kind, das ***müssen*** wir doch einfach lieb haben. Wir können doch fast gar nichts dagegen tun, was sich da mit einem Mal an guten Gefühlen in uns regt, wenn sich unsere Seele wirklich dem Kind in der Krippe zuwendet. Ganz von selbst wachsen in uns gute Gefühle der Liebe, wenn wir uns diesem hilflosen Kind zuwenden und erfüllen uns –. Und ganz von selbst wollen diese Gefühle der Liebe weitergehen und sich etwa dem hilflosen alten Menschen zuwenden, dem Armen, dem Einsamen, dem Nachbarn, dem Freund oder sogar auch dem Feind.

Ja, so erfüllt und treibt uns mit einem Mal Gottes Liebe und darin sind wir Gottes Kinder. Die ***Liebe*** macht uns zu Gottes Kindern.

Und damit wir unverlierbar in dieser Liebe leben dürfen, sind wir ja sogar auf den Namen des Kindes in der Krippe getauft, denn wir dürfen uns Christen nennen, und können uns im Leben und Sterben darauf verlassen, von dieser Liebe Gottes angenommen, erfüllt und getragen zu werden. Und das kann doch jeder nachempfinden, dass derjenige, der von dieser Gewissheit lebt, nach allem Staunen Gott nur noch danken kann und dann als der fröhlichste Mensch Weihnachten feiern.

So, jetzt müsste ich eigentlich aufhören, denn das Wichtigste zu Weihnachten und zu dem Geschenk, das Gottes Liebe uns zu Weihnachten macht, ist ja ausgesprochen. Aber Gottes Wort am heutigen Weihnachtstag will uns noch mehr sagen: Und da ist mit einem Mal von Reinheit die Rede und von Sünde. So etwas mögen wir nicht gern hören, schon gar nicht, wenn wir es schön und gemütlich haben wollen. Aber Gottes Wort will ja nicht irgendeine bessere Festdekoration sein. Nein, Gottes Wort ist ganz realistisch und bezieht sich immer ganz konkret auf unsere Wirklichkeit. Und da darf einfach, selbst an diesem schönen Ersten Weihnachtsfeiertag, nicht übersehen werden, was es ganz konkret an Bösem, an Unreinem, an Sündigem auf der Welt gibt – um uns herum und in uns selbst. Da gibt es böse Versuchungen, schlimme Verfehlungen, da gibt es Schuld, die einen nicht schlafen lässt. Und was gibt es nicht alles an Hass, gegen Gott, gegen andere Menschen, gegen sich selbst. Wer wollte das bestreiten. So ist nun einmal unsere Wirklichkeit.

Und wo sollte es nun auf dieser Welt einen Ort geben, von dem aus in Gottes Namen der Kampf gegen diese Unreinheit und Sünde begonnen werden könnte?

Ja, es ***gibt*** einen Ort auf dieser Welt, der jedoch auch wieder nicht von dieser Welt ist: Es ist der Ort vor der Krippe. Wer sich also aufmacht und sich in Andacht ergreifen lässt von der Liebe, die Gott uns im Kind in der Krippe schenkt, dem ist seine Schuld vergeben, dessen Herz ist ganz rein und kann kein Unrecht mehr tun. Genauso sagt es uns Johannes: „Ihr wisst, dass er erschienen ist, damit er die Sünden wegnehme". Und „Wer in ihm bleibt, der sündigt nicht".

Wenn wir also dem Gotteskind in der Krippe vertrauen und ihm unser Leben vor die Füße legen, dann dürfen wir so unbelastet wie neugeborene Kinder in die Welt schauen. Und uns dann aber auch genauso unbelastet wie Kinder über Weihnachten freuen.

Aber traut sich jetzt vielleicht der eine oder andere trotzdem nicht, sich zu freuen, weil er dieses große Wunder und diese Heilszusage noch immer nicht versteht? Jedoch: müssen wir denn immer alles so bis in das Letzte verstehen? Wir wissen doch, wie wenig wir wirklich von allem Weltgeschehen durchschauen. Aber vor allem: Ist es denn auch ***notwendig***, dass wir immer alles bis in das Letzte verstehen müssen, wenn wir nur ganz sicher wissen, dass es von Gott aus seiner Ewigkeit kommt und auf Gott in seiner Ewigkeit zielt?

Ich muss jetzt an die Zeit denken, als mein Jüngster so 2 ¼ Jahre alt war. Mit dem Sprechen lief das damals noch kaum und sicherlich hat er auch noch nicht sehr viel verstanden. Was er aber in der Adventszeit sehr wohl beobachtet hatte, das war die Krippenlandschaft im Wohnzimmer mit dem holzgeschnitzten Christkind, Maria und Josef und Hirt und Esel. Und als er eines Tages in der Küche neben dem Schnitzwerkzeug einen der drei Könige stehen sieht, da greift er ihn, läuft ins Wohnzimmer und stellt ihn vorsichtig neben die anderen beiden Könige in den Stall neben der Krippe.

Mir schoss dabei durch den Kopf: Selbst die Unmündigen und Kleinkinder, die sonst nicht viel verstehen, die wissen doch irgendwie, dass man sich zur Anbetung an der Krippe versammeln soll. Ob das auch Erwachsenen helfen kann, wo wir doch sogar genau wissen sollten, dass dem, der dem göttlichen Kinde glaubt, alle Schuld vergeben und Erlösung zugesagt ist?

Diese freudige Erkenntnis lasse uns der barmherzige Vater im Himmel am heutigen Weihnachtstag froh und dankbar mit Leib und Seele erfassen.

Amen.

Predigt über Joh 3,31-36
zum 1. Weihnachtstag 2012[5]

Der von oben her kommt, ist über allen. Wer von der Erde ist, der ist von der Erde und redet von der Erde. Der vom Himmel kommt, der ist über allen und bezeugt, was er gesehen und gehört hat; und sein Zeugnis nimmt niemand an. Wer es aber annimmt, der besiegelt, dass Gott wahrhaftig ist. Denn der, den Gott gesandt hat, redet Gottes Worte; denn Gott gibt den Geist ohne Maß. Der Vater hat den Sohn lieb und hat ihm alles in seine Hand gegeben. Wer an den Sohn glaubt, der hat das ewige Leben. Wer aber dem Sohn nicht gehorsam ist, der wird das Leben nicht sehen, sondern der Zorn Gottes bleibt über ihm.

Liebe Gemeinde!

Heute ist doch ***Weihnachten***! Der helle Weihnachtsmorgen! Aber warum hören wir da in unserem Gotteswort ***gar nichts*** von Weihnachten? Denn da tauchen weder Ochs noch Esel auf, weder die Hirten oder Engel, weder Maria noch Josef, noch das Kind in der Krippe. Wie ***unweihnachtlich***! Allerdings, schauen wir doch noch einmal ***genauer*** darauf, welchen Akzent dieses Gotteswort, das ja Johannes der Täufer prophetisch vorweg zum das Erscheinen Christi sagt, am Ende hat. Dabei dürfen wir uns nicht darüber wundern, dass es, weil es ein prophetisches Wort ist, noch nicht mit manchen konkreten Details verbunden ist, die uns bereits vor Augen stehen. Auf jeden Fall kann man trotzdem ***das*** entdecken, das für das Weihnachtsfest eigentlich das ***Entscheidende*** ist. Denn da heißt es: ***„Wer an den Sohn glaubt, der hat das ewige Leben.“***

Ja, und um nicht mehr und nicht weniger geht es an diesem Weihnachtstag: Es geht um das ***ewige Leben,*** wie es auch immer wieder in anderen weihnachtlichen Texten und Liedern staunend und jubelnd beschrieben und besungen wird, so etwa, wenn der Verkündigungsengel vom neu geborenen Christus sagt (EG 24): "Er bringt euch alle Seligkeit, die Gott der Vater hat bereit', dass ihr mit uns im Himmelreich sollt leben nun und ewiglich.“

Und dass es nun genauso weihnachtlich um das ***ewige Leben*** geht, ***das*** will durch dieses Wort hindurchschimmern und glitzern und uns anrühren in all dem Glanz, den dieses Fest der Geburt Jesu Christi ausstrahlt.

Allerdings stellt sich mit diesem Bibelwort auch eine strenge Frage, nämlich ob eigentlich einjeder von uns überhaupt ***in der Lage ist***, sich davon anrühren zu lassen oder irgendetwas davon zu verstehen? Denn wie sollen wir etwas von dem Geheimnis der Weihnacht und seinem Ewigkeitsbezug begreifen können, wenn wir alle doch nur ***menschliche*** und ***vergängliche*** Wesen sind, die von dieser Erde kommen, auf ihr leben und von ihr reden und vielfach gar nicht anders können, als mit Schmerzen zu erfahren, wie ***entsetzlich endlich*** alles auf dieser Erde ist, wie eben so vieles, was uns lieb und wert ist, im Rauschen der Zeit ***vergeht und verschwindet***. Da ***muss*** uns der Glanz der Ewigkeit doch völlig fremd sein. Ja, es ist eine so bitter konsequente Logik, auf die uns unser Bibelwort weist: „Wer von der Erde ist, der ist von der Erde und redet von der Erde."

Ob das vielleicht auch der tiefere Grund sein kann, weshalb so vielen unter uns zu Weihnachten tatsächlich gar nichts anderes vor Augen steht als der Druck von Verpflichtungen und übermäßigen Erwartungen als das Hetzen nach Geschenken, als das Rennen nach Tannenbaum, Festessen und Tischschmuck? Und offenbar ***muss*** das nach dieser bitteren Logik auch so sein, weil es sich eben bei dem Meisten davon um etwas handelt, das wir nur ***ganz irdisch*** sehen, anfühlen, riechen oder schmecken können. Und allein ***damit*** scheinen doch offenkundig ***wir*** als ***Erdgebundende*** auf dieser Erde etwas anfangen zu können.

Und ***dennoch*** wissen wir, dass das noch nicht alles ist. Und dennoch wissen wir, dass da noch ganz etwas ***anderes*** ist, was vielfach gar nicht benennbar ist, was vielfach auch unter Bergen von Geschenkpapier verborgen ist und bleibt. Und dennoch wissen wir, dass da bei vielen trotzdem eine tiefe ***Sehnsucht*** ist! Ja, trotz aller Begrenzung unseres Lebens auf Sehen, Anfühlen, Riechen oder Schmecken ist da doch eine tiefe ***Sehnsucht*** nach ***dem***, was über unseren Alltag hinausgeht und wo man fühlt, dass es mit dem zu tun hat, was zu Weihnachten von alters her überliefert und verkündigt wird. Diese tiefe Sehnsucht liegt zu Weihnachten mit Händen greifbar über dem Land und treibt die Menschen irgendwie um - und das obwohl unser Bibelwort eigentlich so brutal dagegen steht. Wieso? Doch weil es von dem Kind in der Krippe zwar heißt „Der vom

Himmel kommt, der ist über allen und bezeugt, was er gesehen und gehört hat.“, aber dann geht es ja schmerzhafterweise weiter: *„**und sein Zeugnis nimmt niemand an.**“*

Jedoch mag das für manchen genau das beschreiben, was am gestrigen Weihnachtsabend in vielen Häusern unter uns passiert ist, wo so viel vorbereitet, so viel gedacht und gekauft wurde, und dann doch ***keine*** Weihnachtsstimmung kam, vielmehr deutlich das Gefühl, dass da irgendetwas Wichtiges fehlt: Und dann blieb nur dunkle Leere, schwarze Depression! Oder vielleicht kam sogar Streit und schmerzhafte Verletzungen, so schwer, dass sie am heutigen Morgen noch nicht abgeklungen sind. Auf jeden Fall ***überhaupt nichts von Ewigkeit***! Gar ***nichts*** von großen Gefühlen, von Gottes Liebe zu uns Menschen und Liebe unter uns Menschen! ***Überhaupt nichts*** von alledem, wonach wir uns zu diesem hohen Fest so sehr ***sehnen***! Und wer könnte da nicht ***die*** verstehen, die das Gefühl haben, irgendwie unter dem Zorn Gottes zu leben oder auch unter bleibender Gottverlassenheit?

Darum: ***Wohl dem***, der es gestern ***anders*** erleben durfte! ***Wohl dem***, der heute morgen im Rückblick auf die Hl. Nacht nur noch ***dankbar*** sein kann und deshalb jetzt fröhlich ***singen*** kann! Jedoch wir wissen genau, für wie viele das alles ganz ***anders*** ist.

Auf der anderen Seite könnten es doch für manche gerade alle diese schmerzhaften Verletzungen und diese tiefe unerfüllte Sehnsucht sein, die sie ***dazu*** treiben, ***noch einmal*** in der Helligkeit des Weihnachtsmorgens das verheißungsvolle Wort Gottes zu hören, von dem wir doch so viel erwarten, das uns aber so fremd geblieben ist und das uns wohl nach unserem Bibeltext als Menschen von dieser Erde schrecklicherweise wohl auch ***fremd bleiben muss***.

Oder ***stimmt*** das alles ***gar nicht*** und wir haben bisher alles nur nicht richtig verstehen können? Immerhin könnte uns hier der biblische Bericht als Ganzer bestimmt eine Hilfestellung bieten. Denn in unserem Bibelabschnitt ist zwar überhaupt nicht vom Stall und der Krippe die Rede, und auch nicht von diesen zerlumpten Hirten, die nun überhaupt nichts von dem verstehen, was auf dieser verdrehten Welt gespielt wird, aber sicherlich dürfen wir diese Gestalten doch trotzdem vor Augen haben. Und sicherlich dürfen wir uns dennoch und genauso wie ***sie*** zögerlich und verschämt an diesen Glanz herantasten, der das Kind in der Krippe umgibt, welches heute in unsere gebrochene Welt „von oben her kommt," so wie es unser Bibelwort sagt. Und wenn wir dann weiter aus den anderen Zeugnissen des weihnachtlichen Geschehens vernehmen dürfen, dass diese Nachtgestalten tatsächlich ***nicht abgewiesen*** wurden, ja, dass sie sogar an dem Geheimnis ***teilnehmen*** durften, das dieser Welt zur Weihnacht geschehen ist, dann dürften doch ***auch wir*** hoffen, nicht abgewiesen zu werden. Ja, dann dürften doch ***auch wir*** uns hineinziehen lassen in den Glanz, der von dem von oben neugeborenen Kind in der Krippe ausgeht, ja, ***Du*** und ***ich*** mit allen unsere Lasten und mit allen unseren Schmerzen mit allem, was wir nicht verstehen und mit allem, was in unserem Leben immer fraglich bleiben wird.

Und dann dürfen wir doch auch versuchen, das Wort vom Kind in der Krippe wirklich anzunehmen und in unser Herz zu lassen. Dann dürfen wir doch auch versuchen, es als ***Wahrheit*** für unser Leben zu begreifen. Und das heißt doch, dass alles ***nicht*** so bleibt, wie es ist, nämlich dass es da ein fernes „***oben***" gibt, das sicherlich herrlich und über allen ist, das uns aber als Erdgeborene nichts angeht und verschlossen bleibt, weil für uns nur das „***unten***" bleibt mit aller elender Sinnlosigkeit und Perspektivlosigkeit.

Nein, wir sind eingeladen, behutsam einzutreten in dieses Geheimnis, dass das Göttliche, Heilsame, Tröstliche, Erfüllende in unsere Mitte gelegt wurde, als Kind in der Krippe. Wir dürfen staunen, wir dürfen still sein, wir dürfen anbeten – und damit Gott die Ehre geben und genau damit Gott und dem Kind in der Krippe gehorsam sein. Wir dürfen dann hoffen, nein, wir dürfen uns dann ***sicher*** sein, dass alles, was wir mitgebracht haben an Fragen und Schmerzen, an Demütigung und Trauer im Glanz dieses weihnachtlichen Geheimnisses geborgen ist, und darum geheilt und vollendet wird. Wir dürfen uns dann sicher sein, dass nunmehr unser Leben ***aus der Höhe***, also von Gott her, ***wohl*** geführt wird, weil wir herzlich geliebt werden, so wie die Liebe Gottes zu uns Menschen in dem Kind in der Krippe Gestalt gewonnen hat und Gott ihm alles in seine Hand gegeben hat.

Und wir dürfen uns dann auch sicher sein, wenn sich auf diese Weise Himmel und Erde wunderbar berühren und durchdringen, dass wir die Liebe und Güte Gottes nicht nur gelegentlich und spärlich erfahren, sondern ganz ***nachdrück-***

lich und ***deutlich***, denn Gott „gibt den Geist ***ohne Maß***“. Denn das, was aus Gottes Ewigkeit Dir und mir zugedacht ist, das ist nicht mehr, wie sonst immer alles auf dieser Erde eng eingegrenzt, genau abgemessen und vergänglich. Sondern da ergreift uns mit der Weihnacht ***so viel***, dass man andere gern mit hinein nimmt und ihnen hilft und beisteht, so wie man es selbst so reichlich erfahren hat.

Und weil das so ist und sein wird, deshalb dürfen wir schon ***jetzt*** Gott, den Vater, oben im Himmel, loben, Gott, dem Sohn, im Himmel mitten unter uns, dankbar sein, und Gott, dem Hl. Geist, der Himmel und Erde verbindet, preisen. Das ist unser Vorrecht und unsere Aufgabe heute, am Ersten Weihnachtsfeiertag beginnend, bis in alle Ewigkeit.

Amen.

Predigt über „Jesus ist kommen, Grund ewiger Freude“ (EG 66) zum 1. Sonntag nach Epiphanias[6]

(Vor der Predigt wird zunächst nur die erste Strophe gesungen.)

Jesus ist kommen, Grund ewiger Freude;
A und O, Anfang und Ende steht da.
Gottheit und Menschheit vereinen sich beide;
Schöpfer, wie kommst du uns Menschen so nah!
Himmel und Erde, erzählet's den Heiden:
Jesus ist kommen, Grund ewiger Freuden.

Liebe Gemeinde!

Was für ein ***schwungvolles*** Epiphanias-Lied jetzt am Anfang des Neuen Jahres! Da möchte man gern einstimmen. Und in ihm lockt sogar etwas Tänzerisches. Und ich habe auch gehört, dass man in seinem Schwung bestens die großen Räume eines Kinderheimes wischen kann. Aber das ist ja auch kein Wunder, denn es geht ja immerhin um ***ewige Freude***. Da ist eben überhaupt nicht erstaunlich, wenn man schlicht mitgerissen wird. -- Oder doch zumindest mitgerissen werden ***sollte***. Denn wie sieht in normalen Gemeindeverhältnissen die gottesdienstliche Wirklichkeit so manches Mal aus? Da schafft es die freundliche Orgelvertretungskraft gerade eben, die meisten der Gesangbuchnoten einigermaßen zu intonieren. Und die liebenswerten älteren Damen, die sich an diesem wenig stimmungsvollen Winter-Sonntag trotz Wind und Regen zusammen mit einer Handvoll Konfirmanden zum Gottesdienst eingefunden haben, die könnten der Melodie gerade eben noch folgen und zumindest die erste Strophe mitsingen – wenn sie nicht wieder ihre Brillen vergessen hätten. Aber geht es nicht genau um solche und noch viel viel ***schlimmere*** Widrigkeiten des Alltags, ***weshalb*** eben Jesus in unsere Welt gekommen ist? Ja, die Freude über das weihnachtliche Kommen unseres Herren, darüber, dass, so wie es in dieser Strophe heißt, Gottheit und Menschheit sich vereinen und damit der Schöpfer uns Menschen so nah kommt, die erfüllt den ***ganzen Kosmos!*** Keinesfalls wird sie erst durch die Gesangsversuche einer gebrechlichen Ortsgemeinde erzeugt.

Himmel und Erde klingen und geben Zeugnis von dem Ereignis der Hl. Nacht! Und wir, mit unseren mehr oder weniger schönen Stimmen, wir dürfen uns nur einfügen in den weltumspannenden Lobgesang, den wir manchmal hören, der aber sicherlich viel häufiger unser Hören übersteigt. Das soll uns aber keineswegs entmutigen. Darum lassen Sie uns nun weiter die Strophen 2 und 3 singen.

Jesus ist kommen, nun springen die Bande,
Stricke des Todes, die reißen entzwei. Unser
Durchbrecher ist nunmehr vorhanden;
er, der Sohn Gottes, der machet recht frei,
bringet zu Ehren aus Sünde und Schande;
Jesus ist kommen, nun springen die Bande.

Jesus ist kommen, der starke Erlöser,
bricht dem gewappneten Starken ins Haus,
sprenget des Feindes befestigte Schlösser,
führt die Gefangenen siegend heraus.
Fühlst du den Stärkeren, Satan, du Böser?
Jesus ist kommen, der starke Erlöser.

Aber wieso sollen jetzt die Bande und Stricke des Todes durchbrochen werden und entzwei reißen? Warum sollen jetzt des Feindes befestigte Schlösser gesprengt und Gefangene siegend herausgeführt werden? Denn wir sind doch gar keine Gefangenen - Gott sei Dank! - und um den Tod kommen wir doch alle nicht herum - trotz Weihnachten! Also worum geht es? Oder kann hier vielleicht nur derjenige richtig verstehen, der mit Leib und Seele elend darunter leidet, wie wir als Menschen täglich gefangen sind etwa in Missverständnissen, aber auch Belanglosigkeiten, in Ungerechtigkeiten und Lieblosigkeiten, aber auch in Sorgen und Schmerzen, Enttäuschungen und Demütigungen? Ja, wer sich ***so*** in seiner geknechteten Seele nach Befreiung und Erlösung sehnt, für den muss Weihnachten ganz anders klingen, und vor allem das damit beginnende ***österliche Erlösungswerk***. Nein, weil Jesus zur Hl. Nacht kommt, weil sich das Himmlische eben ***nicht*** dem Irdischen entzieht, sondern ***in Christus in das Irdische eingeht***, deshalb hat alles auf dieser Welt eine ganz ***andere Perspektive***! Und zu Ostern wird dann gezeigt, dass die göttliche Liebe ***stärker*** ist als Tod und Teufel, ***stärker*** als Satan, der Böse, ***stärker*** als alle Macht der Welt, so sehr sie sich in Burgen oder Schlössern verbarrikadieren wollte, einfach ***stärker*** als alles Vergängliche und Vernichtende! Und wenn man davon auch nur ***etwas*** ahnte, dann wäre das Grund genug für schwungvolles Singen oder sogar temperamentvolles Tanzen! Aber damit halten wir uns jetzt etwas zurück und singen die Strophen 4 und 5.

Jesus ist kommen, der Fürste des Lebens,
sein Tod verschlinget den ewigen Tod.
Gibt uns, ach höret's doch ja nicht vergebens,
ewiges Leben, der freundliche Gott.
Glaubt ihm, so macht er ein Ende des Bebens.
Jesus ist kommen, der Fürste des Lebens.

Jesus ist kommen, der König der Ehren;
Himmel und Erde, rühmt seine Gewalt!
Dieser Beherrscher kann Herzen bekehren;
öffnet ihm Tore und Türen fein bald!
Denkt doch, er will euch die Krone gewähren.
Jesus ist kommen, der König der Ehren.

Was für ein altertümlicher Ausdruck: Jesus als „Fürste des Lebens“! Denn wir sind doch heutzutage republikanisch und haben mit Fürsten eigentlich nichts mehr zu tun. Aber vielleicht erinnern wir uns noch aus dem Geschichtsunterricht, dass es früher die Fürsten waren, die über uns bescheidene Untertanen alle Gewalt über Leben und Tod hatten. Ein Wort eines solchen Mächtigen und das Leben war verwirkt. Und doch war und ist die Macht und Gewalt der Mächtigen so erbärmlich beschränkt: denn Leben ***zerstören***, das können sie wohl, aber ***nicht*** Leben ***neu erschaffen***. Und genau hier zeigt sich das Wunderbare, das darum mit neuem und ganz anderem Leben in die Welt einbricht, weil sich das Himmlische eben nicht dem Irdischen entzieht, weil eben Jesus zur Hl. Nacht geboren wird. Genau zu Weihnachtszeit scheint es fast für jeden verspürbar zu sein, wie die lebendige Liebe Gottes Menschenherzen anrühren und bekehren kann und sie deshalb mit umschließen und erfüllen kann mit ewig Lebendigem. Und wenn dann weiter das Kind in der Krippe, dadurch, dass es sein Leben hergibt, zeigt, wie Gottes Liebe stärker ist als Tod und alle Vergänglichkeit, dann zeigt es uns auch, dass alle weltliche Ehre vergänglich ist und bleibt. Was offensichtlich dagegen ewig ***ist*** und ***bleibt***, und wovon Christus als König der Ehren kündet, das ist die ***Liebe*** und ***Freundlichkeit Gottes***. Wer sich auf sie verlässt, wer ihr Tore und Türen öffnet, der wird ihre Kraft, Macht und Gewalt verspüren und darüber dann mit Himmel und Erde zusammen Gott rühmen. Und da solches Rühmen gern mit dankbarem Gesang geschehen darf, lassen Sie uns jetzt die Strophen 6 und 7 singen.

Jesus ist kommen, ein Opfer für Sünden,
Sünden der ganzen Welt träget dies Lamm.
Sündern die ewge Erlösung zu finden,
stirbt es aus Liebe am blutigen Stamm.
Abgrund der Liebe, wer kann dich ergründen?
Jesus ist kommen, ein Opfer für Sünden.

Jesus ist kommen, die Quelle der Gnaden:
komme, wen dürstet, und trinke, wer will!
Holet für euren so giftigen Schaden
Gnade aus dieser unendlichen Füll!
Hier kann das Herze sich laben und baden.
Jesus ist kommen, die Quelle der Gnaden.

Warum muss denn jetzt, wo wir so schön in Schwung sind, von Opfer, Gift, Sünden und Blut die Rede sein? Mit all' so etwas wollen wir als moderne Menschen doch nichts zu tun haben. Und es gibt auch genügend kluge Leute, die uns glaubhaft versichern, dass die Zeiten solcher archaischer Zusammenhänge nun wirklich vorbei seien. Nein, da kann uns der Herr Hofprediger Allendorf, der Dichter dieses Liedtextes für unsere Zeit wohl gar nichts mehr sagen. -- Oder etwa doch? Denn ist es etwa falsch, dass der Graben zwischen mir als unvollkommenen Menschen und dem allmächtigen Gott unendlich tief ist, dass der Unterschied zwischen mir als endlichen und begrenztem Menschen und dem unbegrenzten und ewigen Gott einfach so gewaltig ist, dass keine Macht der Welt ihn überwinden kann und selbst ich als Mensch so häufig noch nicht einmal ***will***, dass hier alles anders wird, obwohl ich mich so sehr danach sehne! Wer auf der ganzen Welt findet hier Besseres, diese Sünde, Gift und Schuld zu überwinden, als so, wie es geschehen ist, eben durch die Hingabe Jesu Christi, als durch sein Opfer, als durch seine Selbstaufgabe, damit ich wirklich leben kann? Aber warum tut er das denn nur? Doch weil er Dich und mich lieb hat! Jedoch, wer wollte eine solche Liebe begreifen oder ergründen können? Sie ist und bleibt ein Geheimnis, das nur bestaunt oder besungen werden kann. Darum lassen Sie uns jetzt die Strophen 8 und 9 singen.

Jesus ist kommen, die Ursach zum Leben.
Hochgelobt sei der erbarmende Gott,
der uns den Ursprung des Segens gegeben;
dieser verschlinget Fluch, Jammer und Tod.
Selig, die ihm sich beständig ergeben!
Jesus ist kommen, die Ursach zum Leben.

Jesus ist kommen, sagt's aller Welt Enden.
Eilet, ach eilet zum Gnadenpanier!
Schwöret die Treue mit Herzen und Händen.
Sprechet: wir leben und sterben mit dir.
Amen, o Jesu, du wollst uns vollenden.
Jesus ist kommen, sagt's aller Welt Enden.

Wenn wir in der Weihnachtszeit still werden und zur Besinnung kommen, dann stellt sich in diesem Nachsinnen ganz von selbst die Frage nach der „Ursach zum Leben". Sollte es denn auf dieser Welt allein um Selbstbehauptung gehen, um den Kampf ums Überleben und die Behauptung des Stärkeren, wie uns mancher in der Nachfolge Darwins zu erklären sucht? Aber da sind wir lebenserfahren genug, um sofort nach der großen Mehrheit der Unterlegenen zu fragen, nach der großen Mehrheit der Schwachen, Sehnsüchtigen und Hilflosen, die einfach unter die Räder geraten. Wo bleiben sie? Und wo bleiben wir? Aber Gott sei Dank, können wir da genau singen: „Jesus ist kommen, die Ursach zum Leben. Hochgelobt sei der erbarmende Gott." Darüber ist Gott nicht hoch genug zu loben, dass er uns Jesus als Ursache zum Leben, als Lebensgrundlage und Grundprinzip geschenkt hat und damit auch seine Liebe, Gnade und Barmherzigkeit! Nur ***sie*** helfen wirklich gegen Fluch, Jammer und Tod. Auf sie kann man sich verlassen im Leben und Sterben. Und dieser Botschaft kann und darf man treu sein und dann erfahren, wie Gott in Ewigkeit treu ist und alles vollendet. Und weil das so ist, deshalb kann es nicht Besseres geben, als diese Botschaft froh und dankbar aller Welt Enden weiterzusagen und auch schwungvoll weiter zu singen. Jetzt in der Epiphaniaszeit und bis in Ewigkeit.

Amen.

Predigt über Lk 18,31-43
zum Sonntag vor der Passionszeit Estomihi[7]

Jesus nahm aber zu sich die Zwölf und sprach zu ihnen: Seht, wir gehen hinauf nach Jerusalem, und es wird alles vollendet werden, was geschrieben ist durch die Propheten von dem Menschensohn. Denn er wird überantwortet werden den Heiden, und er wird verspottet und misshandelt und angespien werden, und sie werden ihn geißeln und töten; und am dritten Tage wird er auferstehen. Sie aber begriffen nichts davon, und der Sinn der Rede war ihnen verborgen, und sie verstanden nicht, was damit gesagt war.
Es begab sich aber, als er in die Nähe von Jericho kam, dass ein Blinder am Wege saß und bettelte. Als er aber die Menge hörte, die vorbeiging, forschte er, was das wäre. Da berichteten sie ihm, Jesus von Nazareth gehe vorbei. Und er rief: Jesus, du Sohn Davids, erbarme dich meiner! Die aber vornean gingen, fuhren ihn an, er solle schweigen. Er aber schrie noch viel mehr: Du Sohn Davids, erbarme dich meiner!
Jesus aber blieb stehen und ließ ihn zu sich führen. Als er aber näher kam, fragte er ihn: Was willst du, das ich für dich tun soll? Er sprach: Herr, dass ich sehen kann. Und Jesus sprach zu ihm: Sei sehend! Dein Glaube hat dir geholfen. Und sogleich wurde er sehend und folgte ihm nach und pries Gott. Und alles Volk, das es sah, lobte Gott.

Liebe Gemeinde,

Wenn jemand jetzt sagen würde „Hier passt doch ***nichts zusammen***!“, was sollte ich ihm da wohl antworten? Denn wo ist da der ***Zusammenhang***, wenn uns zunächst berichtet wird, wie Jesus eine so dramatische Auskunft über sein künftiges Geschick gibt, aber dass es dann mit einem Male mit diesem blinden Bettler weiter geht, einschließlich dieser ***merkwürdigen*** Frage, die Jesus dem blinden Bettler stellt, „Was willst du, dass ich für dich tun soll?“

Und wie können wir es dann ***weiter*** zusammen bekommen, dass wir uns mit diesem ernsten Bibelabschnitt, auf das Passionsgeschehen einstellen wollen, aber da tobt um uns herum „der Bär"! Denn zumindest in den Medien ist ***Fasching*** und ***Karneval***, ***Heiterkeit***, ***Spaß*** und ***gute Laune*** angesagt. Nein, Predigtwort und Predigtzusammenhang müssen für uns einfach ***verworren*** und ***rätselhaft*** sein. Aber was dabei nun ***völlig*** irritiert, ist, dass es da mitten in unserem Bibelabschnitt und genau auf uns zugeschnitten heißt: „Sie aber begriffen nichts davon, und der Sinn der Rede war ihnen verborgen, und sie verstanden nicht, was damit gesagt war."

Und was heißt das jetzt? Etwa innerlich abschalten? Oder einfach nach Hause gehen? Oder könnte man nicht vielmehr ***hellhörig*** werden, dass genau diese Verständnislosigkeit doch von den ***Jüngern Jesu*** berichtet wird, von diesen unseren großen ***Vorbildern*** im Glauben? Da müssten wir uns doch in diesem gemeinsamen Nichtbegreifen irgendwie verbunden fühlen! Ja, was spricht eigentlich dagegen, dass wir einmal so etwas versuchten, wie in den Kreis der Jünger einzutreten, durchaus mit allen unseren Fragen und mit allem unsern Kopfschütteln. Und dabei wären wir uns sicherlich schnell mit den Jüngern einig, dass einen ***zunächst*** in diesem Bericht beschäftigt, warum denn nur Jesus den blinden Bettler fragt: „Was willst du, dass ich für dich tun soll?"

Und warum ***verstehen*** wir und die Jünger diese Frage denn nicht? Könnte das etwa daran liegen, weil für ***uns*** der Zusammenhang so vollkommen ***klar*** erscheint? Denn, bitte, worin besteht wohl das Problem eines blinden Bettlers? Doch dass er ***nicht sehen*** kann. Und wer denkt da nicht automatisch daran, dass deshalb natürlich seine Augen ***repariert*** werden müssen, so etwa, wie das jedermann von seinem Fotoapparat kennt? Und wenn in einem Fotoapparat die Fotolinse kaputt ist, dann muss man eben eine ***neue, heile*** einsetzen, mit der unsere Wirklichkeit dann wieder richtig abgebildet werden kann. Heilung als ***Reparatur*** und ***Einsetzen*** neuer Teile. Gott als der große Mechaniker des Universums, der alle Teile zusammengesetzt hat. Und Christus als sein bevollmächtigter Sohn, der dann eben alles wieder ***reparieren*** kann, was kaputt gegangen ist. Wenn das nicht ***logisch*** klingt! ***Dennoch***: genau aus ***dieser*** Perspektive heraus muss alles völlig unverständlich ***bleiben***!

Aber vielleicht kommen wir jetzt ganz ***anders*** weiter. Und dazu hilft uns sicherlich die Beobachtung, dass überhaupt nicht überliefert ist, ***weshalb*** der blinde Bettler nicht sehen kann. Ist es denn wirklich seine ***Augenlinse***, die getrübt oder verletzt ist? Geht es darum überhaupt um eine darauf bezogene ***medizinische*** Heilung? Das wissen wir nicht. Obwohl ich hier Jesus gegebenenfalls auch alle Heilung zutraue.

Jedoch, weil dieser Heilungsbericht mit dem Hinweis auf den Leidensweg Jesu zusammen steht, deshalb scheint mir, dass das ***eigentliche*** Thema, um das es hier geht, letztlich der ***geheimnisvolle*** Zusammenhang von ***Sehen*** und ***Verstehen*** ist. Und da könnte es doch durchaus sein, dass der blinde Bettler zwar hell und dunkel, Figuren und Farben sehen kann, dass er sie aber nicht zu ***verstehen*** und zu ***deuten*** vermag. Die Schatten und Bewegungen, das Licht und die Farben bleiben für ihn ***rätselhaft***, etwa genauso, wie ***wir*** zuerst rätselten, was die Frage Jesu an den Blinden bedeutet - und genauso, wie wir weiter rätseln, was das alles mit dem Hinweis Jesu auf seine Passion zu tun haben sollte. Aber für mich klingt das so, als wenn eben beides mit dem großen Geheimnis von ***Sehen*** und ***Verstehen***, ***Wahrnehmen*** und ***Deuten*** zu tun hat.

Natürlich wissen wir, wie viele Menschen es gibt, für die immer alles einfach und klar ist und die deshalb meinen, dass es am ***Sehen nichts*** deutend zu verstehen gibt. Aber wie sollte das richtig sein!? Schauen wir allein auf das berühmte Beispiel von dem Trinkglas, wo die einen betrübt klagen: „Wie traurig, das Glas ist ja schon ***halb leer***!“, währenddessen die anderen jubeln: „Seid mit uns fröhlich, denn das Glas ist noch ***halb voll***!“

Und was dabei nur zu deutlich wird, ist doch, wie sehr offenbar richtiges und hilfreiches Sehen von einem deutenden Verstehen abhängt; wie sehr es offenbar vielfach mit ***dem*** zusammen hängt, wie uns ***zumute*** ist und was wir ***glauben***. Wie wichtig darum, dass es unseren kleinen Kindern gut geht, wenn sie in diesem erstaunlichen Lernprozess vom Sehen und dann Be-greifen beginnen wollen, unsere Welt zu verstehen. Allerdings wissen wir genug davon, wie oft, gerade ***das***, wie uns zumute ist und was wir glauben, erschüttert wird, wenn wir auf Schicksalsschläge und Lebensirrwege schauen und nicht mehr aus noch ein wissen.

Wenn wir also derart unsere Wirklichkeit zwar ***sehen***, aber nicht mehr ***begreifen*** können, was sollte da etwa das Einsetzen ***neuer Augenlinsen*** helfen können? Übrigens war das bestimmt auch so bei einem guten Freund, der plötzlich nach dem Tod seiner innig geliebten Mutter nicht mehr sehen konnte. Mehr als drei Jahre war er richtig ***blind***, ehe er dann tatsächlich wieder sehen konnte. Aber wir begriffen damals durchaus, dass ihm mit dem Tod seiner Mutter die ***ganze Welt*** verdunkelt wurde, und er eigentlich darum auch nichts mehr von dieser schlimmen Welt sehen ***wollte.***

Und darum frage ich mich jetzt, ob vielleicht Jesus genau vor ***solchem*** Hintergrund zu dem blinden Bettler spricht, dass dem Bettler eben durch etwas unbegreiflich Schlimmes die ganze Welt verdunkelt wurde, und dass er darum nichts mehr sehen und verstehen konnte – völlig unabhängig von seinen ***Augenlinsen***.

Allerdings schreit er ja auch gar nicht nach Augenlinsen! Sondern er schreit ja ganz bewusst nach ***Jesus*** als ***Davids Sohn***. Aber warum sollte das wichtig sein? Doch weil der Ehrentitel ***Davids Sohn*** für ***den*** steht, der nach Gottes Plan und Verheißung in die Welt kommt, um die Welt zu retten. Der Schrei nach Jesus als ***Davids Sohn*** heißt also eigentlich, sich darauf verlassen wollen, dass nach Gottes Plan und Verheißung alles seinem ***Ziel*** zugeführt werden soll, wo es dann vielleicht gar nicht mehr darauf ankommt, ob eigene Wünsche und Hoffnungen erfüllt oder körperliche Gebrechen beseitigt werden, sondern allein darauf, in ***Gottes Hand unverlierbar*** und ***wunderbar geborgen*** zu sein. Deshalb ist für mich die Frage Jesu, ***Davids Sohn***, an den blinden Bettler „Was willst du, dass ich für dich tun soll?“ ganz eng verbunden mit dem Einverständnis darüber, ob man diese Welt, so wie ***unser Gott*** ihr Sinn und Erfüllung gibt, sehen und verstehen will. Und genau das ***will*** offenbar der Bettler. Und das ***glaubt*** und ***bekennt*** er eben mit seinem Schrei nach dem ***Sohn Davids.*** Und deshalb sagt Jesus ihm dann am Ende auch: „Dein ***Glaube*** hat dir geholfen“. Ja, der blinde Bettler darf, ***weil er glaubt***, dann ***richtig*** sehen und verstehen - die ganze ***Welt*** und sein ganzes ***Leben***. Und als dann Jesus derart das Geheimnis des Sehens und Verstehens für ihn löst, da tut der Bettler sofort ***das***, was man angesichts dieses Geheimnisses wirklich nur tun ***kann***: Er ***folgt Jesus nach*** und ***preist Gott***. Ja, wer im Blick auf unsere gesamte Wirklichkeit auch in tiefer Not ***sehen*** und ***verstehen*** kann, mit wie viel großen Geheimnissen Gott uns in seiner Güte umgibt, der merkt von ganz allein, dass man Gott darüber nur ***loben*** kann.

Und nun gehört genau zu diesen großen Geheimnissen mit denen uns Gott in seiner Güte umgibt, und die es zu sehen und zu verstehen gilt, auch der Weg Jesu nach ***Jerusalem*** ans ***Kreuz***, so brutal und vernichtend er auch aussieht. Dabei gibt Jesus doch seinen Jüngern eine Hilfe zum Verstehen, indem er sagt, dass dadurch alles ***vollendet*** werden wird, von dem Menschensohn durch die Propheten was geschrieben ist. Und genau auf diesem von Gott gewiesenen Weg wird Jesus überantwortet werden den Heiden, verspottet, misshandelt und angespien werden, gegeißelt und getötet. Aber am dritten Tage wird er ***auferstehen***. Vor der Erlösung steht also das Leiden. Durch das Leiden zur Erlösung. Das ist uns nicht unbekannt. Und das dürfen wir manchmal auch selbst erfahren: Erst die schmerzhafte Operation, dann die Heilung. Allerdings die Jünger begreifen das Geheimnis nicht, dass die Menschheit ***dadurch*** erlöst wird, dass Jesus dabei ***stellvertretend*** für uns Menschen leidet, und dass darum ***wir*** als Menschen nicht mehr alles Leid unseres Lebens ***selbst*** tragen müssen.

Nein, die Jünger begreifen das Geheimnis nicht. Davon ist uns berichtet. Erst später haben sie es dann verstanden und es begeistert und dankbar an uns Nachgeborene weitergegeben. Aber wie geht es da ***uns*** dabei? Kann uns dieser biblische Bericht vom ***Sehen*** und ***Verstehen*** wirklich helfen, auch auf unser ***eigenes*** Leben schauen, und dabei endlich zu begreifen, wo ***uns*** durch Christus die Augen über unser Leben aufgetan werden sollen, oder wo Christus durch seinen Weg ans Kreuz uns ***ganz persönlich*** alle Last und Kummer, Schmerzen und Schuld abnehmen soll und will, aber auch, welche Aufgaben ***wir*** dann in Gottes Namen anfangen sollen? Ich weiß, das ist für unsere heutige Spaßgesellschaft alles ***sehr sehr schwer*** zu verstehen und uns fast ***völlig verschlossen***.

Aber bleibt uns deshalb nur, auf den Bericht über das Leiden Jesu und auch auf diese Heilungsgeschichte etwa wie ein ***Blinder*** in einen ***Rosengarten*** zu schauen und nichts von den Farben dort zu begreifen? Bleibt uns deshalb nur, für unser ganzes Leben oder allein für die kommende Woche nicht mehr damit ***rechnen*** zu können, dass es durch ***Gottes Hilfe hell*** und ***licht*** für uns werden und unsere Seele über so viele Farben und große und kleine Hilfen ganz ***froh*** werden kann? Also nur ein weiteres Tapsen im Dunklen? Oder sehen wir vielleicht doch bereits so etwas wie ***Lichtblitze*** und ***Zeichen***, aber können sie ***noch nicht verstehen***? Der Blinde am Wege ***wusste*** jedenfalls, was er in seiner Dunkelheit und Not zu ***tun*** hatte. Denn er rief: „***Jesus***, du ***Sohn Davids***, ***erbarme*** dich meiner!“ ***Und ihm wurde geholfen***! Und dann durfte er ***sehen*** und ***verstehen***. Aber so zu Christus zu rufen: „***Jesus***, du Sohn ***Davids***, ***erbarme*** dich meiner!“, ***das*** kann doch ein jeder von uns ***genauso***. Und wenn wir das wirklich ***von Herzen*** tun, dann ist uns in Gottes Namen Hilfe ***zugesagt*** und dann dürfen wir bestimmt ***erfahren,*** dass geholfen wird, ja, dass sogar Schlimmes in ***Gutes*** verwandelt wird, entweder gleich oder dann später im Reich Gottes. Und dann dürfen wir auch erleben, wie durch die ***Zuversicht***, dass Christus derart Gutes für uns tun wird, die Welt sogar wirklich anders aussehen kann!

Der blinde Bettler jedenfalls, der muss es wohl so gefühlt haben. Deshalb beginnt er ja auch froh und dankbar, Jesus nachzufolgen und Gott zu preisen. Gott gebe uns darum, dass wir genauso ***froh*** und ***dankbar*** Jesus nachfolgen und Gott zu preisen können jetzt und bis in alle Ewigkeit.

Amen.

II. PASSIONSZEIT

Predigt über Mt 27,33-50
zum Karfreitag 2013[8]

Und als sie an die Stätte kamen mit Namen Golgatha, das heißt: Schädelstätte, gaben sie ihm Wein zu trinken mit Galle vermischt; und als er's schmeckte, wollte er nicht trinken.

Als sie ihn aber gekreuzigt hatten, verteilten sie seine Kleider und warfen das Los darum. Und sie saßen da und bewachten ihn. Und oben über sein Haupt setzten sie eine Aufschrift mit der Ursache seines Todes: Dies ist Jesus, der Juden König. Und da wurden zwei Räuber mit ihm gekreuzigt, einer zur Rechten und einer zur Linken.

Die aber vorübergingen, lästerten ihn und schüttelten ihre Köpfe und sprachen: Der du den Tempel abbrichst und baust ihn auf in drei Tagen, hilf dir selber, wenn du Gottes Sohn bist, und steig herab vom Kreuz! Desgleichen spotteten auch die Hohenpriester mit den Schriftgelehrten und Ältesten und sprachen: Andern hat er geholfen und kann sich selber nicht helfen. Ist er der König von Israel, so steige er nun vom Kreuz herab. Dann wollen wir an ihn glauben. Er hat Gott vertraut; der erlöse ihn nun, wenn er Gefallen an ihm hat; denn er hat gesagt: Ich bin Gottes Sohn. Desgleichen schmähten ihn auch die Räuber, die mit ihm gekreuzigt waren.

Und von der sechsten Stunde an kam eine Finsternis über das ganze Land bis zur neunten Stunde. Und um die neunte Stunde schrie Jesus laut: Eli, Eli, lama asabtani? Das heißt: Mein Gott, mein Gott, warum hast du mich verlassen? Einige aber, die da standen, als sie das hörten, sprachen sie: Der ruft nach Elia. Und sogleich lief einer von ihnen, nahm einen Schwamm und füllte ihn mit Essig und steckte ihn auf ein Rohr und gab ihm zu trinken. Die andern aber sprachen: Halt, lass sehen, ob Elia komme und ihm helfe! Aber Jesus schrie abermals laut und verschied.

Liebe Gemeinde!

Eine solche ***Verzweiflungsgeschichte*** kann einen völlig um den Verstand und dann zum ***Verstummen*** bringen. Wie kann man es da nur fertigbringen, das alles so nüchtern und haargenau zu berichten, was mit diesem Jesus geschah, den man den Christus nannte, den Gesalbten, den Verheißenen, den ***Erretter***?

Und weiter: Wie kann man das nur fertigbringen, nach seiner Kreuzigung um seine Kleider zu losen und dann ruhig dabei zu sitzen und aufmerksam zuzuschauen, wie er qualvoll durch dieses brutale Folterinstrument, das Kreuz, stirbt, begleitet durch Spott und Lästereien.

Aber selbst, wenn einem alles egal ist, was auf dieser Welt geschieht und was die Völker mit ihren Menschen machen, wie kann man das denn ***zulassen***, dass da ein ***Unschuldiger*** getötet wird! Allerdings ***wir*** heute, ja, genau ***wir*** hier an diesem Karfreitag, können wir eigentlich anderes tun, als die Menschen ***damals,*** als nur zuzuschauen und zuzuhören? Und vielleicht wäre uns allen ***damals*** auch gar nichts anderes übrig geblieben, weil wir völlig eingepfercht gewesen wären in diese große Menge, die damals erst zum Richtplatz und dann durch die engen Gassen in Jerusalem zum Hinrichtungsplatz draußen vor der Stadt geströmt wäre, die wie besessen Blut sehen wollte und schrie: „***Kreuziget ihn***!“ Und selbst, wenn wir ***nicht*** mitgeschrien hätten, oder wenn wir gar ***dagegen*** geschrien hätten, so hätte man uns nicht gehört!

Aber trotzdem kann es doch ***nicht sein***, dass da einer getötet wird, der so viel anderen ***geholfen*** hat - und dass wir nur hilflos daneben stehen können. Und ***dass*** er so viel anderen geholfen hat, das bekennen doch selbst die Schriftgelehrten in ihren Lästerreden. Wenn also derart unschuldiges Blut vergossen wird, dann ***muss*** man doch irgendwie aufschreien, dann ***muss*** man doch irgend etwas tun!

Aber Moment, wieso denn ***unschuldig***? Sagen nun ***wir*** das oder die Menschen ***damals***? Vielleicht sieht das ja allein aus unserer ***heutigen*** Perspektive, nach unseren ***heutigen*** Maßstäben so aus. Ja, aber weshalb ***wird*** er denn nun eigentlich verurteilt? Doch weil er gesagt hat, er sei der ***Christus***, der König der Juden, Und genau ***das*** haben sie ihm dann noch als Aufschrift auf ein Schild an sein Kreuz geschrieben. Ja, jeder sollte die Schuld von diesem Jesus lesen können, dass er gesagt hatte, er sei der Christus, der König der Juden, er sei der Sohn Gottes, und damit der Erlöser der Welt. Und ***so*** etwas, das ***darf*** man eben ***nicht*** sagen. Nein, so etwas das darf ein Mensch nicht sagen, Gottes Sohn zu sein, Sohn des ***allmächtigen*** und ***hochheiligen Gottes,*** der unser aller Leben in seiner Hand hat, und vor dessen Richterstuhl wir uns alle am Ende verantworten müssen. Und weil unser Gott ***allmächtig*** und ***hochheilig*** ist und weil unser Gott alles ***wirkt*** und ***fügt*** auf dieser Welt, weshalb alles vor ihm ***zittern*** muss, deshalb muss doch alles, was zu ihm gehört, deshalb muss doch auch Gottes Sohn, ***ebenso*** allmächtig und hochheilig, ***ebenso*** alles auf dieser Welt bewirkend und fügend sein.

Und ihr Leute damals, ja, ihr, die ihr unter dem Kreuz steht, und ihr Leute heute, die ihr euch genauso unter dem Kreuz versammelt habt, nun ***schaut*** doch gefälligst ***hin***, wie ohnmächtig, wehrlos und zerquält ***der*** da am Kreuz hängt, ***ja, genau der***, der doch von sich gesagt hat, dass er der Christus sei, der König der Juden, der Sohn Gottes. Und wenn ***der*** wirklich Gottes Sohn wäre, dann würde er doch im Nu herabsteigen von diesem elenden Kreuz! Aber nein, ohnmächtig und wehrlos muss er sich stechen, verhöhnen und quälen lassen. Und das ist doch der ***schlagende Beweis*** dafür! Wofür? Doch dass er ***gelogen*** hat und darum zu Recht ***bestraft*** wird! Denn wenn ***wirklich*** Gottes Sohn auch ***annähernd*** so gequält würde, und nicht gleich vom Kreuz herabsteigen könnte, so würde doch dann der allmächtige Gott ***herabfahren*** und ***herabstürmen***, und ihnen allen ihre schlimmen Folterwerkzeuge aus den ***Händen*** schlagen, alle Lästermäuler ***stopfen*** und alle Widersacher im Nu ***zerstören*** und ***zerstäuben***. ***Genau so*** würde er es machen! Warum? Doch weil ***wir*** es ***genau so*** machen würden, wenn man etwa ***uns selbst*** oder unseren ***Lieben*** je ein Leid zufügen wollte. ***So*** würde es durch göttliche Gewalt gefälligst ***bersten***, ***knallen*** und ***krachen*** und alle gute Ordnung und Gerechtigkeit wäre sehr schnell wieder hergestellt.

Aber ihr Leute unter dem Kreuz ***schaut*** doch: Bei ***diesem*** sterbenden Mann am Kreuz, bei diesem Jesus von Nazareth, bei diesem Mann, dem sie die Dornenkrone mit den fingerlangen spitzen Dornen auf den Kopf gepresst haben bis aufs Blut, bei diesem Mann, den sie am Holz ***festgenagelt*** und den sie ***ausgepeitscht*** haben, bis das ***Blut spritzte***: bei dessen Leiden und schlimmer Qual - da ***schweigt*** Gott. Gottesfinsternis. Gottesfinsternis über allem Land. –

Gottesfinsternis - über uns? Aber wieso denn „über uns"? Es ist doch alles so hell und klar und einsichtig: Ein unverschämter Schuldiger wird hingerichtet, wie es sich gehört. Das kann doch jedes Kind begreifen! Aber ***nein***, ***niemals***! Denn so ***ist*** es doch ***gar nicht!*** Denn uns ist ***überhaupt nicht*** klar und einsichtig, warum dieser Jesus von Nazareth genau diesen Weg gehen ***musste***. Und genau diesen Weg gehen ***wollte***. Aber ***wir***, genauso wie die Menschen ***damals***, wir ***wollen*** das einfach nicht begreifen! Denn ***wenn*** etwas klar war, dann doch, dass er nur einen ***einzigen Satz*** hätte zu sagen brauchen, und dann hätte er ***nach Hause*** gehen können, dann wäre alle Quälerei beendet, dann hätten seine Wunden versorgt werden können. Dann hätte er in angenehmen Abendstunden weiter mit seinen Jüngern anregende Gespräche führen können und durchs Land wandern und das gemeinsame Leben genießen können.

Aber bitte, welcher Satz hätte das denn wohl sein sollen? Jedoch, liegt das nicht auf der Hand? Denn er hätte doch nur sagen zu brauchen: „Ich bin ***nicht*** Gottes Sohn!" Allein ***das*** hätte gereicht. Er hätte doch nur sagen zu brauchen: Ich bin ***nicht*** der Christus. Ich bin ***nicht*** der Erlöser der Welt. Und dann hätte er seine Haut ***gerettet***. Dann hätte die Schläge ***aufgehört***, und dann hätte er ***Ruhe*** gehabt --- aber ***wir***, ja, was wäre dann ***mit uns***? ***Himmel hilf***! Was wäre ***dann*** mit ***uns***? Denn ***wo*** wäre denn da ***sonst*** einer, der uns so sehr ***liebt***, dass er sein ***Leben*** mit uns tauscht? ***Wo*** wäre denn da ***sonst*** einer, der uns ***so sehr liebt***, dass er alle unsere Endlichkeit und Unvollkommenheit, alle Bitterkeit und Schuld unseres Lebens, vor Gott ***eintauscht*** gegen sein ***eigenes vollkommenes Leben***?

Hätte Jesus diesen Satz gesagt: „Ich bin ***nicht*** Gottes Sohn!", dann hätte wir ***keine Chance*** gehabt! Dann wären wir ***verloren*** gewesen! Dann hätten wir - ***bei Gott*** - nicht mehr gewusst, was wir glauben und hoffen dürften. Dann wären wir hier im Norden vielleicht weiter als wilde Germanen durch die Wälder gezogen und hätten tote Bäume als Götter angebetet und vor ihrer eingebildeten Macht gezittert und wären irgendwann gestorben und dann belanglos zu Staub zerfallen.

Aber ***so*** lässt uns Gottes Liebe ***nicht*** verloren gehen! Aber so lässt uns ***der***, der als Gottes Sohn Gottes unergründliche Liebe verwirklicht, ***nicht*** in die Vergänglichkeit und Vergeblichkeit abgleiten. Und in seiner Liebe hat er eben nicht nur die elenden Menschen ***damals*** vor Augen in ihren Verblendungen und Irrungen, sondern auch bereits ***uns*** in unseren ungelösten Fragen und Leiden. Und seine Liebe, die Liebe Gottes, ist ***so groß*** und ***unbegreiflich***, dass er die logischen Folgen unserer Verwirrungen und unseres Unglaubens, nämlich unsere irdische Vergänglichkeit an unserer Stelle auf sich nimmt. Und das ist wirklich ***unglaublich***! Das ist wirklich ***unfassbar, damals*** wie ***heute***! Aber weil unsere Sinne ***blind*** und ***verdunkelt*** sind, haben wir nur die Gottesfinsternis vor Augen, in der wir uns irgendwie eingerichtet haben.

Dabei sollten wir doch eigentlich ***erleichtert*** und ***dankbar*** sein! Wir sollten eigentlich ***erleichtert*** und ***dankbar*** sein, dass durch diese finsteren Karfreitags-Ereignisse alles Dunkle und Schreckliche in unserem Leben nun nicht mehr ***uns*** umbringt, sondern genau diesen Mann am ***Kreuz***! Denn weil ***er*** sein Geschick mit ***unserem*** tauscht, werden wir doch ***frei*** und werden ***laufen gelassen*** und das nicht nur für unsere begrenzte Lebenszeit, sondern bis in alle ***Ewigkeit***.

Jedoch, selbst wenn wir das endlich begreifen könnten, so könnte uns dennoch alle Freude und Dankbarkeit ***im Halse stecken bleiben***! Denn wie könnte ein fühlender Mensch hinnehmen, wie entsetzlich ***brutal*** und ***blutig*** diese unsere neue Freiheit erkauft ist!

Aber wie gut, dass Karfreitag und die Brutalität der Mächtigen ***nicht*** der Schlusspunkt von Gottes Wirken in der Geschichte und in unserem Leben ist. Und wie gut, dass wir als Nachgeborene schon ***mehr*** wissen dürfen als die Jünger damals, und dass wir auf Karfreitag schon von ***Ostern*** her schauen können. Ja, schon am Karfreitag darf unser Herz leicht und froh darüber werden, dass Christus am Ostertag ***auferstehen*** wird, dass also die Liebe und Macht Gottes ***nicht*** durch die Brutalität der Mächtigen, ***nicht*** durch Tod und Trauer besiegt sein wird, sondern dass Christus ***auferstehen*** wird von den Toten, und dass dann alle, die ihm glauben, ***genauso auferstehen*** werden wie er. Und weil wir Christenmenschen am heutigen Karfreitag schon in dieser Gewissheit leben dürfen, deshalb muss uns dieser heutige traurige Tag, eigentlich zum ***Festtag*** werden, deshalb dürfen wir in dem Schrei: ***„Eli, Eli, lama asabtani***?" ***„Mein Gott, mein Gott, warum hast du mich verlassen?***" nicht allein den Anfang des 22. Psalms hören, sondern auch bereits sein ***Ende,*** wo es heißt: „Gott hat nicht verachtet noch verschmäht das Elend des Armen und sein Antlitz vor ihm nicht verborgen; und als er zu ihm schrie, hörte er's. Dich (Gott) will ich preisen in der großen Gemeinde." (Ps 22,25f.)

Ja, dafür ist Gott Vater, Sohn und Heiligen Geist zu ***preisen***, dass er dieses Erlösungswerk am Karfreitag ***für uns*** treibt, durchleidet, durchringt, durchstirbt, damit ***wir leben***. Und das nicht bedrückt oder mit schlechtem Gewissen, sondern in aller Karfreitagsdunkelheit bereits angerührt vom ***Licht des Ostermorgens*** und deshalb ***froh*** und ***dankbar***, ***jetzt*** und bis in ***Ewigkeit***.

Amen.

III. OSTERZEIT

Predigt über 1. Sam 2,1-2.6-8a zum Ostersonntag 2012[9]

Und Hanna betete und sprach: Mein Herz ist fröhlich in dem HERRN, mein Haupt ist erhöht in dem HERRN. Mein Mund hat sich weit aufgetan wider meine Feinde, denn ich freue mich Deines Heils. Es ist niemand heilig wie der HERR, außer Dir ist keiner, und ist kein Fels, wie unser Gott ist.

Lasst euer großes Rühmen und Trotzen, freches Reden gehe nicht aus eurem Munde; denn der HERR ist ein Gott, der es merkt, und von ihm werden Taten gewogen. Der Bogen der Starken ist zerbrochen, und die Schwachen sind umgürtet mit Stärke. Die da satt waren, müssen um Brot dienen, und die Hunger litten, hungert nicht mehr.

Die Unfruchtbare hat sieben geboren, und die viele Kinder hatte, welkt dahin. Der HERR tötet und macht lebendig, führt hinab zu den Toten und wieder herauf. Der HERR macht arm und macht reich; er erniedrigt und erhöht. Er hebt auf den Dürftigen aus dem Staub und erhöht den Armen aus der Asche, dass er ihn setze unter die Fürsten und den Thron der Ehre erben lasse. Denn der Welt Grundfesten sind des HERRN, und er hat die Erde darauf gesetzt.

Liebe Gemeinde!

So schön und fröhlich auch der Lobgesang dieser Frau aus dem fernen Alten Testament auch ist, was soll er mit ***unserem heutigen*** festlichen ***Ostertag*** zu tun haben, mit der Feier der ***Auferstehung Jesu Christi*** hier in unserem Dorf und überall auf der Welt? Und warum soll die Geschichte dieser Frau, der Hanna, ***verwoben*** sein mit der Geschichte Jesu Christi, seinem Leiden, Sterben und Auferstehen? Ja, warum sollen wir uns heute morgen, wo wir den kaum begreiflichen Auferstehungsbericht in uns aufnehmen und groß machen wollen, noch mit einem ***anderen*** Bericht beschäftigen, der auch so ***lange her*** ist?

Aber halt. Eigentlich ist es doch immer so im Wirken unseres Gottes unter uns, dass zwei Geschichten miteinander verwoben sind. Welche bitte? Doch einerseits die Geschichte vom Wirken Gottes in ***Vergangenheit*** und ***Zukunft*** und andererseits die Geschichte vom Wirken Gottes ***jetzt*** und ***konkret*** an ***uns***. Und da stellen, weil Gottes Handeln Zeit und Raum übersteigt, Unterschiede in Zeit und Raum keine Hindernisse dar. Vielleicht gelingt es uns darum in irgendeiner Weise, diese Geschichte der Hanna fast als unsere Geschichte zu begreifen. Allerdings ist die Geschichte der kinderlosen Hanna schon allein in dieser Bezeichnung erzählt, jedoch noch keineswegs ihr ***elendes Leiden*** unter ihrer Kinderlosigkeit, ihr herzzerreißendes ***Weinen und Klagen*** tagtäglich und dann im Hause Gottes. Denn ***damals*** in der Welt, in der Hanna lebte, war es eben eine ***Katastrophe***, dass sie als Frau keine Kinder gebären konnte, dass sie kein neues Leben schenken konnte. Und ***damit*** war sie praktisch für ihren Mann und für ihre ganze Umwelt wie ***tot***.

Vielleicht sind wir ihr darin ganz nahe, dass wir manchmal genauso ***wie sie weinen*** und ***klagen*** können, wenn auch uns unsere ***Welt untergegangen*** ist. Gut, wir wissen, dass heutzutage nicht so häufig Kinderlosigkeit der Grund ist, sich wie tot zu fühlen. Aber so viele ***andere*** Katastrophen gibt es, die alles Leben in uns wie ***abtöten*** können: Das mag für den einen die plötzliche Trennung des ***Partners*** sein, für die andere mag es das bittere ***Zerwürfnis*** mit den ***Kindern*** sein. Und für noch einen anderen mag es die unvermittelt über einen hereinbrechende schlimme ***Krankheit*** sein oder die plötzliche Kündigung des ***Arbeitsplatzes***. Und alle haben sie eben ***eins*** gemeinsam: Es fühlt sich für einen persönlich so an, als würde einem mit einem Male der ***Boden*** unter den Füßen ***weggezogen*** und damit alles Leben für einen ***vergehen***. Es fühlt sich wirklich so an, als würde einem die ***Welt untergehen***, und würde alles tatsächlich ***wie tot***!

Und hätte nicht auch für Jesus Christus noch vor seinem Sterben am Karfreitag alles ***wie tot*** sein müssen. Denn seine ***Mission***, zu der er von Gott berufen war, seine Mission, Gottes ***Liebe und Güte*** unter den Menschen zu verkünden und ihnen damit ***Heil und Heilung*** zu bringen, schien offenkundig ***gescheitert***. Brutale Macht und übler Neid hatten ihn ins Gerichtsverfahren gebracht und dann am Karfreitag zum Tod am Kreuz. ***Aus***. ***Alles vorbei***. ***Schwarze Sinnlosigkeit.***

Aber ***dann***, dann kommt das ganz Andere! Aber ***dann,*** dann kommt und handelt ***der*** ganz Andere, dann handelt ***Gott, der Herr***. Er handelt so, wie es die Hanna bereits ***andeutungsweise*** hat erfahren dürfen, nachdem sie ihm ihre ganze Not und ihr Elend im Tempel so herzzerreißend geklagt hatte. Denn ***sie***, die eigentlich als Frau tot war, sie durfte wieder ***lebendig*** werden, denn sie durfte unvermutet schwanger werden und einem ***Sohn das Leben schenken***, dem späteren Propheten Samuel.

Sollte jetzt etwa der eine oder andere Mann völlig verständnislos denken wollen: „Ach, wie banal! Nur um Schwangerschaft geht es.“? Oder vielleicht würde auch mancher denken, so wie es von dem Altkanzler Adenauer überliefert ist, der sagte: „Kinder kriegen sie immer.“ Allerdings, dass das ***nicht*** so ist, das begreift man ja gerade in heutiger Zeit. Vor allem aber geht es doch darum, dass neu geborenes Leben, ***niemals*** etwas Selbstgemachtes oder nur irgendeine Hautausstülpung sein kann, sondern eben ein ***wunderbares***, unbegreifliches und unvertretbares ***Geschenk Gottes***. Und darum konnte die Hanna bereits singen: ***Der HERR tötet und macht lebendig, führt hinab zu den Toten und wieder herauf.*** Denn genau ***das***, das hat sie bereits selbst an Leib und Seele fühlen dürfen. Und genau ***das*** ist am Ostertag mit ***Jesus Christus*** an ***Leib und Seele*** geschehen!

Da spielte keine Rolle, dass sein Tod von den Mächtigen gewollt war, um ja nicht ihre Herrschaft und das sogenannte „normale Leben“ zu stören. Und was ***war denn*** damals als sogenanntes „normale Leben“ verordnet? Was Gott anbelangt, war verordnet, dass da doch die Einhaltung von ein paar Lebensregeln reichen sollte. Außerdem sollten gefälligst regelmäßige Spenden für den Unterhalt der Tempelgebäude und der Priesterschaft genug sein. So war doch alles angeblich gut organisiert und das Leben für Groß und Klein anscheinend gut eingerichtet.

Und jetzt war da mit Christus eben einfach jemand, der ***völlig anders*** von Gottes übermäßiger Kraft, von Gottes ***abgrundtiefer Liebe und Güte*** redete, ganz zerstörerisch und der musste deshalb einfach ***ausgerottet*** werden – ***öffentlich*** –

damit jeder es sah, und ja ***nicht noch einmal*** auf den Gedanken kommen wollte, gegen die gesetzten und erprobten Regeln des Lebens zu verstoßen, mit denen man sich doch gut eingerichtet hatte, und über die die Mächtigen eben die Macht hatten. Darum also: „***Weg*** mit dem ***Störenfried***!" So ließen die Mächtigen das Volk im Prozess gegen Jesus schreien!

Aber ***dann***, dann kommt das ganz Andere! Aber ***dann*** dann kommt und handelt ***der*** ganz Andere, dann handelt ***Gott, der Herr***. Und dann tut er eben genau ***das***, was die Hanna bereits in ihrem Danklied besungen hat: Den Bogen der Starken hat er ***zerbrochen***, und die Schwachen sind umgürtet mit Stärke. Die Macht der Starken ist ***zerstört*** und dem Schwachen ist ***Stärke gegeben***.

Mögen die Mächtigen und Starken tausendmal gedacht haben, durch ihre brutalen Tötungsinstrumente Jesus geschwächt, vernichtet, ausgelöscht zu haben, dennoch verliert das Kreuz seine tötende Macht und wird sogar umgedreht zum ***Zeichen das Heils***! Es bleibt Schwäche nicht Schwäche, es bleibt Vernichtung nicht Vernichtung, denn ***Gott, der Herr***, ist der Herr über Leben und Tod! Denn ***Gott, der Herr***, schenkt Leben und nimmt Leben! Denn der ***lebendige Gott*** ist nicht ein Gott der Regeln, ist nicht ein Gott, der sich nach den Plänen der Mächtigen richtet. Denn Gott, der Herr, ist der ***Herr*** über alles ***Weltgeschehen***. „Der Welt Grundfesten sind des HERRN", so singt die Hanna, „und er hat die Erde darauf gesetzt". Darum ist ***er*** es, der Leben schenken kann, wenn er will. Und darum erweckt er seinen Sohn, Jesus Christus, am dritten Tag von den Toten. Genau ***damit*** zeigt er aller Welt, dass seine Liebe und Güte ***größer und stärker sind als alle Macht der Welt***, als alle Gewalt der Mächtigen, ja, sogar größer als ***Tod und Teufel***! Wenn das kein Grund ist, von Herzen so ***froh*** zu werden wie die Hanna, und ihren Lobgesang für die heutige Zeit fortzusetzen!

Halt! Gilt das denn nur für die Hanna ***damals***, dass sie wieder lebendig werden kann? Oder gilt das auch für uns ***heute***, für uns in unseren ***heutigen*** Katastrophen, in denen das Leben in uns wie abgetötet wird? Kommt dadurch etwa mit einem Mal der vermisste Partner wieder zurück? Ist damit etwa das bittere Zerwürfnis mit den Kindern erledigt? Ist damit etwa die Krankheit geheilt oder der Arbeitsplatz wieder gewonnen? Das ***kann*** sein. Nein, da dürfen wir von Gott und seinem Wirken ***nicht zu klein*** denken. Das ***kann*** darum wirklich sein. Es kann aber auch sein, dass ich mit einem Male auch die Aufgaben annehmen kann, die mir als Alleinlebenden gestellt werden. Es kann auch sein, dass ich mit einem Male sehen kann, wie gut und wichtig es ist, dass die Kinder ihre Wege ohne mich gehen wollen, dürfen und müssen. Und könnte es nicht auch sein, dass mir in der Krankheit dankbar die Augen geöffnet werden für Vieles, was ich sonst gar nicht hatte sehen können, weil ich es für selbstverständlich genommen hatte? Und könnte der schmerzliche Verlust des Arbeitsplatzes nicht auch den Weg frei machen für ganz ***neue*** Perspektiven und Tätigkeiten, auf die ich mich eigentlich schon immer gefreut hatte?

Denn warum sollte der Gott, dem die Grundfesten der Welt gehören, der Leben schenken kann, wenn er will, der seinen Sohn, Jesus Christus, am dritten Tag von den Toten erweckt, warum sollte der nicht auch in mein kleines Leben eingreifen können und auch ***mir*** wieder Lebendigkeit schenken und so auch in meinem kleinem Leben zeigen, dass seine Liebe und Güte ***größer und stärker sind, als alle Macht der Welt***? Nein, so schlecht es mir auch gehen sollte, Ostern ist das ***unübersehbare Zeichen***, dass der barmherzige Gott den Dürftigen aus dem Staub aufhebt, so, wie die Hanna bereits in alter Zeit singt, dass der barmherzige Gott den Dürftigen aus dem Staub dieser Welt aufhebt bis in alle Ewigkeit! Was für eine ***unüberbietbare***, ***grenzenlose*** Perspektive für ***Dich*** und ***mich***! Darum dürfen wir heute am Ostertag froh, erwartungsvoll und dankbar den Gesang der Hanna aufnehmen und ***festlich vollenden*** mit dem „***Christ ist erstanden***“! (EG 99) Gott sei Dank!

Amen.

Predigt über Mk 16,9-14
zum Sonntag Quasimodogeniti[10]

Als aber Jesus auferstanden war früh am ersten Tag der Woche, erschien er zuerst Maria von Magdala, von der er sieben böse Geister ausgetrieben hatte. Und sie ging hin und verkündete es denen, die mit ihm gewesen waren und Leid trugen und weinten. Und als diese hörten, dass er lebe und sei ihr erschienen, *glaubten sie es nicht.*
Danach offenbarte er sich in anderer Gestalt zweien von ihnen unterwegs, als sie über Land gingen. Und die gingen auch hin und verkündeten es den andern. Aber auch denen *glaubten sie nicht.*
Zuletzt, als die Elf zu Tisch saßen, offenbarte er sich ihnen und schalt ihren *Unglauben* und ihres Herzens *Härte*, dass sie *nicht geglaubt* hatten denen, die ihn gesehen hatten als Auferstandenen.

Liebe Gemeinde!

Nun ist es eine Woche her, dass wir das ***Osterfest*** gefeiert haben, also die Auferstehung Jesu Christi vom Tod, wie wir sie aus den biblischen Berichten bezeugt gehört haben. Und da und heute noch immer haben wir die ***frohen*** und ***schwungvollen*** Osterlieder gesungen und uns gefreut über die Veränderung der ganzen Welt durch das Ostergeschehen. Und was passiert jetzt? Da bekommen wir nun nach dem peinlichen Bericht über den ungläubigen Thomas in der Evangelienlesung ***diesen*** Osterbericht des Evangelisten Markus zu hören.

Und was ist ***das*** für ein Osterbericht! Ein Osterbericht, den man eigentlich in guter österlicher Stimmung gar nicht hören mag. Denn so auf den ersten Blick scheint das Ganze eher eine deprimierende Geschichte zu sein und keinesfalls eine Erfolgsstory, wie wir sie lieben. Denn statt österlich von einem befreienden und überwindenden Glauben an Christus und das Auferstehungsereignis zu verkünden, da müssen wir hier mehrfach hören: „***Sie glaubten es nicht***!"

Und wenn ***so etwas*** hier als Botschaft der Bibel in der Predigt ausgelegt werden soll, und wenn man sich so auf diese Botschaft in einem christlichen Gottesdienst konzentrieren soll, so ist das eigentlich ***unglaublich***! Denn stellen wir uns das einmal in unserer heutigen Zeit vor, wo sich so viele neue religiöse Gruppen auf dem heutigen „Markt der Möglichkeiten“ glanzvoll, attraktiv und phantasievoll präsentieren. Und dann würden da die Werber mit einer derartigen Story auftreten: Sie würden nämlich vom Glauben an den neuen Religionsgründer berichten, aber dann aber immer wieder von seinen engsten Vertrauten sagen müssen: „***Sie glaubten es nicht***!“ Ich denke, solche religiöse Gruppierung hätte heute ***keine Chance*** und würde glatt ***ausgelacht***.

Übrigens würde man heutzutage bei einem neuen religiösen Zeugnis natürlich auch gleich fragen: Sagt mal, was bringt mir das eigentlich, wenn ich diesen Berichten weiter zuhöre, diesen unglaublichen Erzählungen? Was sollte mir das schon bringen, wenn ich tatsächlich dieses österliche Zeugnis ernst nehme und glaube?

Aber was hören wir da in diesem Osterbericht? ***Gar nichts***! Da wird nichts angepriesen. Da wird nicht so etwas versprochen, wie etwa der Gewinn von Geld und Macht, wie etwa bei der Scientology-Sekte. Es wird nicht so etwas versprochen, wie bei Erich Däniken, wo man angeblich für interessante Seelenwanderung ausgerüstet wird. Und es wird auch nicht so etwas versprochen, wie bei der Transzendentalen Meditation, wo man angeblich zum Schweben kommt.

Darum scheint also nach heutigen Vorstellungen ***das***, was wir heute hier am ersten Sonntag nach Ostern zu hören bekommen, vollkommen daneben zu liegen. Keiner kann etwas damit anfangen. Ja, dieser Bericht scheint darum letztlich, wie es auch neudeutsch heißt, ein richtiger „Flop" zu sein.

Aber halt! Nicht gleich das Kind mit dem Bade auskippen, So sehr auch für manchen dieses österliche Zeugnis auf den ersten Blick ein „Flop" zu sein scheint, ich finde ***diesen*** Osterbericht des Evangelisten Markus tröstlich und erbaulich! Warum? Weil er eben ganz ***realistisch*** ist! Großartig, wie ***wahrhaftig*** unsere Bibel ist! Gott sei Dank! Da wird eben nichts in irgendeinem Erfolgsinteresse geschönt oder idealisiert! Sondern es wird alles ***ungeschminkt*** berichtet.

Und genauso ***ist*** es eben, wenn über die Auferstehung Christi die Rede ist: selbst der engste Kreis der Jünger kann es zunächst ***nicht glauben***! Und das ist doch kein Wunder. Denn das Zeugnis von der Auferstehung sprengt nicht nur ***heute*** jede Vorstellungskraft, sondern natürlich genauso ***damals***. Nein, soviel gläubiger und frommer waren die Menschen vor 2000 Jahren also gar nicht. Denn die Menschen damals lebten genauso im Banne ihrer Erfahrungen wie wir heute. Und diese altbewährte und erprobte Erfahrung ist und bleibt: ***Totes bleibt tot, Folter bleibt erlitten, Ein Grab gibt seine Beute nicht preis.*** Haben wir uns nicht alle in dieser Erfahrung eingerichtet? Haben wir uns nicht alle an diese Erfahrung gewöhnt? Und ***müssen*** wir uns nicht auch zwangsläufig in unserem Alltag an diese Erfahrung halten, wenn wir unser Leben bestehen wollen?

Ja, und genauso war es damals mit den Frauen am Grab. Eben genauso wie es ***uns*** geht, wenn wir einen lieben Menschen begraben müssen, so hatten sie doch mit dem toten Jesus auch ihre Hoffnungen zu Grabe getragen. Und ***was*** war ihnen damals geblieben? Doch genau ***das***, was ***uns*** bleibt, wenn wir einen lieben Menschen begraben. Eben ein bisschen Pietät, die liebevolle Grabpflege, die Pflege der eigenen seelischen Verletzungen, eben ein bisschen nachgetragene Liebe. Und wir, wir hätten das doch damals ***genauso*** gemacht. Und wir, wir hätten doch damals in liebenswerter Betulichkeit genauso wenig wie die Frauen mit - dem ***Handeln Gottes*** gerechnet. Wir hätten das damals genauso wenig wie die Frauen an die ***Macht Gottes*** geglaubt. Wir hätten uns damals doch genauso wenig wie die Frauen ernstlich vorstellen können, dass Gott ***stärker*** ist als Himmel und Erde, dass Gott ***stärker*** ist als Tod und Teufel.

Denn selbst, wenn uns Menschen auch der Verstand stehen bleiben sollte, selbst wenn das ***niemals*** in unserem Kopf und unsere Erfahrung hinein wollte: Christus ***steht*** von den Toten ***auf***! Christus ***besiegt*** damit den Tod in seiner ***Letztgültigkeit***! Für alle, die an ihn glauben dürfen, besiegt er damit auch alle ***kleinen*** Tode, als Vorstufen des richtigen, großen Todes. Für alle, die an ihn glauben dürfen, besiegt Christus darum auch alle ***Trauer*** und ***Schmerzen***, alle ***Depressionen*** und ***Angst***, alle ***Demütigungen*** und ***Schuld***.

Das ist die ***Osterbotschaft***, und das ist wirklich ***unglaublich***! Denn das hat Auswirkungen auf den ganzen ***Kosmos***. Denn das hat Auswirkungen auf mein persönliches Leben. Denn das hat Konsequenzen für unser ganzes ***Zusammenleben***. Denn das bedeutet doch die ***Umwertung aller Werte***! Denn das ist eine Relativierung all´ dessen, was den Mächtigen dieser Welt als letztes Droh- und

Druckmittel zur Verfügung steht. Denn wie sollte man noch je einen anderen brechen, einschüchtern oder vernichten können mittels der Todesdrohung, wenn derjenige sich völlig in den Glauben zu Christus flüchten kann, um mit ihm aufzuerstehen. Denn, muss so nicht das eigene Leben alle ***Letztgültigkeit*** verlieren, wenn es so eingebunden ist in den Leib Christi, und damit auch in die Liebe Christi zu den Menschen?

Aber das verändert gleichzeitig auch das Verhältnis zu allen ***Mitmenschen radikal***. Wie könnte man denn jetzt noch meinen, die eigene Fähigkeit seinen Nächsten zu lieben, sei viel zu gering oder begrenzt, wenn Gottes Liebe zu uns Menschen so ***unbegrenzt*** ist und durch den ***Tod hindurch geht***?

Ja, das ist alles wirklich ***unglaublich***! Wirklich kein Wunder, dass die Jünger lange brauchten, um diese Botschaft nachzustammeln, nachzufühlen. Wer aber diese Botschaft wirklich begriffen hat, wer von dem Auferstandenen wirklich angerührt und umfangen ist, den ***reißt sie um***, der ist ***begeistert*** und ***erleichtert***, ***getröstet*** und ***bewegt***, weil ihm nun zugesagt ist, dass er genauso auferstehen und die Welt überwinden wird, wie ***Jesus Christus***. Und deshalb kann der diese Botschaft nicht mehr bei sich behalten und muss sie weitersagen, und kann dann Gott nur noch loben und danken, jetzt und ewig.

Amen.

Predigt über 1. Mose 1,1-4a,26-31a – 2,1-4a zum Sonntag Jubilate[11]

Am Anfang schuf Gott Himmel und Erde. Und die Erde war wüst und leer, und es war finster auf der Tiefe; und der Geist Gottes schwebte auf dem Wasser. Und Gott sprach: Es werde Licht! Und es ward Licht. Und Gott sah, dass das Licht gut war.
Und Gott sprach: Lasset uns Menschen machen, ein Bild, das uns gleich sei, die da herrschen über die Fische im Meer und über die Vögel unter dem Himmel und über das Vieh und über alle Tiere des Feldes und über alles Gewürm, das auf Erden kriecht. Und Gott schuf den Menschen zu seinem Bilde, zum Bilde Gottes schuf er ihn; und schuf sie als Mann und Weib. Und Gott segnete sie und sprach zu ihnen: Seid fruchtbar und mehret euch und füllet die Erde und machet sie euch untertan und herrschet über die Fische im Meer und über die Vögel unter dem Himmel und über das Vieh und über alles Getier, das auf Erden kriecht.
Und Gott sprach: Sehet da, ich habe euch gegeben alle Pflanzen, die Samen bringen, auf der ganzen Erde, und alle Bäume mit Früchten, die Samen bringen, zu eurer Speise. Aber allen Tieren auf Erden und allen Vögeln unter dem Himmel und allem Gewürm, das auf Erden lebt, habe ich alles grüne Kraut zur Nahrung gegeben. Und es geschah so. Und Gott sah an alles, was er gemacht hatte, und siehe, es war sehr gut. So wurden vollendet Himmel und Erde mit ihrem ganzen Heer.
Und so vollendete Gott am siebenten Tage seine Werke, die er machte, und ruhte am siebenten Tage von allen seinen Werken, die er gemacht hatte. Und Gott segnete den siebenten Tag und heiligte ihn, weil er an ihm ruhte von allen seinen Werken, die Gott geschaffen und gemacht hatte. So sind Himmel und Erde geworden.

Liebe Gemeinde!

Wohl dem, der in diesen Lobpreis der Schöpfung so ***ehrfürchtig*** und ***staunend*** einstimmen kann, wie es für mich in diesem Bibelwort aus vergangenen

Zeiten bis in die Gegenwart herüber klingt. Und dabei muss man nicht unbedingt, religionshistorischer Experte sein um zu hören, dass das ganz ***andere*** Töne sind, als sie sonst so bei manchem ***anderen*** grausamen Schöpfungsmythen dieser Welt angestimmt werden.

Jedoch, so feierlich und erstaunlich dieser Lobpreis der Schöpfung auch klingen mag, so wissen wir doch alle, wie viele ernsthafte Menschen sich heutzutage einfach nicht in der Lage fühlen, derart mit ***einzustimmen*** in das Lob der Schöpfung und des Schöpfers. Dafür gibt es die unterschiedlichsten Gründe. Aber am Wichtigsten sind wohl ***drei***:

Der ***erste*** Grund spiegelt sich in den aktuellen Zeitungs- und Nachrichtensendungen, wo fast nur noch von entsetzlichen Naturkatastrophen oder Umweltschäden zu hören und zu sehen ist. Da ***verstummen*** viele angesichts der Berichte von Überschwemmungen und Wirbelstürmen. Oder dass etwa in China wegen der Vogelgrippe-Gefahr massenweise die Hühner getötet und verbrannt werden müssen, weil man der Gefahr sonst nicht Herr werden kann. Oder es ist für viele schlicht nicht auszuhalten, dass im syrischen Bürgerkrieg dem Leid von Mensch, Tier und Umwelt einfach nicht Einhalt geboten werden kann. Darum will manchem alle Dankbarkeit und Freude über Gottes guter Schöpfung einfach im ***Halse*** stecken bleiben.

Nun hat der ***zweite*** Grund gegen alle Freude an Gottes guter Schöpfung mit klugem ***Nachdenken***, also mit unserer ***Wissenschaft*** zu tun. Und da meint heute so mancher, angesichts der wissenschaftlichen Modelle über die Entstehung unserer Welt, dass man nur noch ***rechnen*** müsse und nur noch über so etwas wie Moleküle und Atome und Urknall-Theorien reden dürfe - aber nicht mehr über ***Gott*** und seine schöne ***Schöpfung***. Der biblische Schöpfungsbericht sei doch bestenfalls ein Märchen für kleine Kinder oder für nicht so ganz kluge Mitbürger. Wer dagegen verständig und vernünftig sein wolle, für den könne doch nur die ***Urknall***-Theorie oder etwa ähnliches gelten.

Aber jetzt kommt noch der ***dritte*** und vielleicht ***gewichtigste*** Einspruch gegen ein Lob der Schöpfung. Und dieser Einspruch kommt durch das ***Leid***, das wir als Gottes Geschöpfe täglich erfahren, eben das Leid ***hier unter uns,*** das ein jeder von uns ***erlebt*** und ***tragen*** muss. Denn wie soll derjenige Gott und seine

Schöpfung loben können, den etwa die ***Trauer*** um einen geliebten Menschen oder den seine ***Krankheit*** um den Verstand bringt? Wie soll derjenige loben und danken können, der keine Perspektive bei seiner ***Arbeit*** hat, oder den der Ärger und die ungerechterweise fehlende berufliche Anerkennung ganz ***wund*** reibt? Ja, wie soll Lob und Dank über Gottes gute Schöpfung wachsen können, wenn ***Sorge*** umgeht, oder wenn ***Zank*** und ***Streit*** Familie und Verwandtschaft zerfetzt?

Aber jetzt ***halt***! Denn das könnte ja so klingen, als bräuchten wir uns mit vielem aus alten vergangenen Zeiten - so auch dem Lobpreis der Schöpfung - nicht weiter zu beschäftigen, weil jetzt einerseits alles völlig anders ist und weil wir andererseits ja angeblich so viel ***weiter*** gekommen sind. Ja, es gibt viele, die meinen, wir wären durch unsere Wissenschaft und überhaupt durch unsere Tüchtigkeit in die Lage versetzt, alles viel ***besser*** zu können und zu wissen, als die Menschen vor uns, weil wir eben alle Geheimnisse ***enträtselt*** hätten und überhaupt die ***Herrscher*** der Welt seien.

Aber Hand aufs Herz! Kann das tatsächlich ***stimmen***? Muss es zu naiv sein, sich vorzustellen, dass der Schöpfungsbericht vor 3000 Jahren in den Ohren der Menschen damals im ***Kern*** nicht sehr viel anders als heute geklungen haben mag? Warum? Weil es doch zumindest ***Leid*** damals genauso wie heute gab: Genau wie ***heute*** starben ***damals*** Menschen, wurden krank, traurig und verzweifelt. Genau wie ***heute*** hatten ***damals*** Menschen Erfolg und Misserfolg bei ihrer Arbeit, sorgten sich und hatten Zank und Streit.

Aber was hat dann wohl die Menschen, die in Gottes Auftrag den Schöpfungsbericht und den Lobpreis Gottes niederschrieben, damals bewegt, das ***trotzdem*** zu tun? Denn jeder, der auch nur eine Handvoll Lebenserfahrung besaß, würde ihnen doch nahezu jedes einzelne Wort als widerlegt vorhalten können, eben widerlegt durch das ***Leid***, denn das gab es ***damals*** auch, widerlegt durch die ***Naturkatastrophen***, denn die gab es damals selbstverständlich auch, und widerlegt auch durch andere ***vernünftige Gedanken*** über die Entstehung der Welt, denn die gab es damals selbstverständlich auch. Ja, das sagt die normale Lebenserfahrung ***damals*** und ***heute***.

Es gibt aber auch eine ***andere*** Erfahrung, und das ist die ***Glaubenserfahrung***. Es gibt diese Erfahrung, die jeder von uns ***mit Gott*** machen darf, die ganz tief in unserem Herzen wohnt, und die nicht messbar, zählbar und wiegbar ist, und über die wir uns meist aus guten Gründen genieren zu sprechen. Unsere Glaubenserfahrung halten wir ganz verborgen, so dass sie gar nicht da zu sein scheint, und doch ***färbt*** sie alles ein, was wir erleben, was wir erleiden und worüber wir uns freuen. Unsere Glaubenserfahrung hat ganz eng mit der tiefsten ***Orientierung*** und ***Bewertung*** unseres Lebens zu tun und leitet uns dazu an, alles in unserem Leben als eine Gabe aus Gottes Hand zu verstehen.

Und deshalb kann jetzt manchen die Blütenpracht in unseren Gärten in diesen Frühlingstagen dennoch ganz von selbst zum ***Staunen*** bringen und dazu, unserem Gott mit vollem Herzen über seine schöne Schöpfung zu ***danken***. Dagegen mag es einem anderen helfen, einfach einmal auf unsere kleinen Kinder zu schauen. Und dann könnte er sich daran erinnern, wie es damals bei deren Geburt war, als man sie mit einem Male, nachdem sie neun Monate im Verborgenen gewachsen waren, von ***Angesicht*** zu ***Angesicht*** sehen durfte. Wie viele durften da erleben, wie einem ganz von selbst ***Dankbarkeit*** ins Herz oder Tränen der ***Rührung*** ins Auge schossen? Wie viele haben da als Mutter oder Vater, als Oma oder Opa ganz von selbst die ***Hände*** gefaltet und gesagt: „***Gott*** sei ***Dank***! Was sind das für ***niedliche*** Geschöpfe! Mein Gott, wie ***wunderbar*** sind Deine Werke!"

Aber was soll man denn auch anderes angesichts der Geburt eines Kindes sagen? Sollte man etwa sagen: Prima, da sind sie ja endlich, die neuen ***Aldi-Kunden*** ab 2019 und die neuen ***Rentenzahler*** ab 2031? Oder hätte man wissenschaftlich ***berechnen*** sollen, welche Dehnungsbelastungen es für die Sehnen und Knochen bedeutet, wenn ein so kleines Kind beginnt, seinen Köpfchen zu heben? Damit würde sich doch jeder ***Gewalt*** antun, der staunend und ergriffen am ***Bettchen*** eines ***Neugeborenen*** steht. Angesichts unserer Kinder, die ja wirklich keiner von uns selbst erfunden, gemacht, gestrickt, gehäkelt oder gentechnisch zusammengesetzt hat, sondern die auf von Gott gefügter Weise ihren Lauf ins Leben nehmen durften, angesichts unserer Kinder, kommt es bei einem gesunden Menschen trotz aller Gefährdung der Schöpfung fast ganz von allein dazu, über ***Gott*** und sein ***Schaffen*** und Wirken zu ***staunen*** und ihm zu ***danken***.

Zu uns Menschen gehört eben eigentlich ganz unvermittelt diese wichtige und elementare ***Lebens***- und ***Glaubenserfahrung***, nämlich, dass wir uns und unser

Leben ***nicht selbst*** gemacht haben, sondern es dem Unbegreiflichen und Leben spendenden verdanken, für das in unserer Sprache „Gott“ steht.

Allerdings hat ja unsere Glaubenserfahrung, also unsere Erfahrung mit dem Unbegreiflichen, das wir als Gott bezeichnen dürfen, nicht nur mit dem ***Wunderbaren*** und ***Bestaunenswerten*** zu tun, sondern auch mit unserem ***Leid***. Jedoch: könnte es hier nicht helfen, ***dem*** Gott, dem wir seine Schöpfung in ihrem ***komplizierten***, aber wunderbar ***sinnvollen*** Ineinandergreifen verdanken, ***auch*** zu vertrauen, dass er genauso sinnvoll alle Knoten und Verwirrungen ***meines*** Lebens entwirren kann? –

Und dennoch: was ist, wenn mich Zerstörung, Vernichtung oder Tod nun vollkommen ***durcheinanderbringen*** wollen? Oder könnte ich etwa lernen, mich darauf zu verlassen, dass ***der*** Gott, der aus Güte und Liebe seinen Sohn aus dem Tod hat auferstehen lassen, dass dieser Gott auch alle Lieben, die mir durch den Tod weggerissen wurden, wieder ***auferstehen*** lassen kann, ja, dass er die ***ganze Schöpfung*** und alle ***Zerstörung*** in ihr am Ende aller Zeiten wieder zu ***heilen*** und wieder ***gut*** zu machen vermag?

Wohl dem, der in dieser Gewissheit leben kann! Und dann kommt offensichtlich aus dieser Lebensgewissheit die ***Kraft***, auch das Leid in dieser Welt zu ***bestehen***. Und dann wird offensichtlich in diesem Glauben an Gottes Handeln in Jesus Christus auch die eigene Fehlerhaftigkeit, ***Schuld*** und ***Endlichkeit*** aufgehoben, und neuer Lebensraum von ***Ewigkeit*** zu ***Ewigkeit*** geschenkt.

Und jetzt bekommt mit einem Mal das Wasser der Schöpfung eine eigene Bedeutung, nämlich als das Wasser der ***Taufe***: Denn wenn es nun ***diese*** Lebensgewissheit ist, die uns in der Taufe auf unserem Lebensweg unverlierbar mitgegeben wird, diese Lebensgewissheit, dass Gott in Christus mich sinnvoll ***hält***, ***trägt*** und ***führt***, dann kann ich doch auch gelassen und vielleicht sogar fröhlich sein, selbst wenn ich krank oder in Not bin. Denn dann kann ich mir ja gewiss sein, dass es in Gottes guter Schöpfung ***Wege*** für mich gibt, selbst wenn ich nur ein ganz ***wenig*** von ihnen ahne, Wege, die mir helfen, ***Gutes*** zu denken und zu fühlen und mich durch Höhen und Tiefen, durch Leben und Sterben zu ***Gott*** und in sein Reich führen und ***das*** ist das ***Entscheidende***. Und dann kann man sogar am Feiertag der Woche getrost ruhen, so wie es Gott nach allem Schaffen tat.

Und wenn ich mich dann als Getaufter so auf meinen ***persönlichen unverwechselbaren*** Weg durch Gottes schöne Welt mache, und mir dabei gewiss bin, dass Gott mir eine Menge Ideen und gute Kraft mitgegeben hat, dann weiß ich aber auch, was ich zu tun habe, wenn ich etwa von Naturkatastrophen höre oder von Missbrauch mit Gottes Schöpfung: nämlich einerseits für die Betroffenen zu beten, aber andererseits das Hilfreiche zu tun, was mir ***möglich*** ist.

Übrigens kann ich dann auch ganz gern die neuesten Theorien über die Entstehung der Erde zur Kenntnis nehmen. Ich kann aber auch noch die nächsten und übernächsten Theorien abwarten, die vielleicht wieder ***ganz anders*** sind.

Wenn ich ***so*** auf meinem Weg durch Gottes wunderbare Schöpfung bin, wenn mein Herz trotz mancher Schmerzen weit wird, beim Anblick unserer Kinder, strahlender Blumen und erhabener Berge, dann kann ich einfach nur sagen: „Mein Gott, wie wunderbar sind Deine Werke und es ist gut, was Du geschaffen hast“! Und dann darf ich gewiss sein, dass ich nicht nur ***jetzt*** derart Gott loben und danken darf sondern bis in alle Ewigkeit.
Amen.

Predigt über Lk 11,5-13
zum Sonntag Rogate[12]

Und Jesus sprach zu ihnen: Wenn jemand unter euch einen Freund hat und ginge zu ihm um Mitternacht und spräche zu ihm: Lieber Freund, leih mir drei Brote; denn mein Freund ist zu mir gekommen auf der Reise, und ich habe nichts, was ich ihm vorsetzen kann, und der drinnen würde antworten und sprechen: Mach mir keine Unruhe! Die Tür ist schon zugeschlossen und meine Kinder und ich liegen schon zu Bett; ich kann nicht aufstehen und dir etwas geben. Ich sage euch: Und wenn er schon nicht aufsteht und ihm etwas gibt, weil er sein Freund ist, dann wird er doch wegen seines unverschämten Drängens aufstehen und ihm geben, soviel er bedarf.
Und ich sage euch auch: Bittet, so wird euch gegeben; suchet, so werdet ihr finden; klopfet an, so wird euch aufgetan. Denn wer da bittet, der empfängt; und wer da sucht, der findet; und wer da anklopft, dem wird aufgetan.
Wo ist unter euch ein Vater, der seinem Sohn, wenn der ihn um einen Fisch bittet, eine Schlange für den Fisch biete? Oder der ihm, wenn er um ein Ei bittet, einen Skorpion dafür biete? Wenn nun ihr, die ihr böse seid, euren Kindern gute Gaben geben könnt, wie viel mehr wird der Vater im Himmel den Heiligen Geist geben denen, die ihn bitten!

Liebe Gemeinde!

Selbstverständlich bringen wir unseren Kindern doch schon ziemlich früh bei, „Bitte“ zusagen. Wer unter den anwesenden Eltern, Großeltern, Tanten und Onkeln könnte das nicht bestätigen? Nein, erst, wenn „Bitte“ gesagt wird, dann gibt es das Brot, den Saft, das Eis oder die Schokolade! So gehört es sich. So ist es guter Brauch. Und genau so ist es auch in dem Gleichnis, das uns unser Herr Jesus Christus sagt.

Und wenn das so für unsere Kinder gilt, wie ist es da eigentlich mit uns Erwachsenen? Sagen ***wir*** eigentlich gerne Bitte? Selbst unter Freunden? Ich meine jetzt nicht diese missbräuchliche Form, „Bitte" zu sagen, wie sie uns ab und zu durchgeht, so etwa: „Würden Sie bitte die Tür schließen?! Oder: „Aua! Sie stehen auf meinem Fuß! Würden Sie bitte von meinem Fuße heruntergehen?!" Oder auch einfach: „Lass das bitte." Aber auch: „Suchen Sie sich bitte eine andere Arbeitsstelle! Sie sind entlassen."

Genau besehen sind solche Redewendungen keine richtigen Bitten, sondern eher Anordnungen oder gar Befehle. Aber was uns Jesus gerade vor Augen gestellt hat, das sind ja ***richtige*** Bitten. Lassen Sie uns darum jetzt allein auf ***sie*** schauen, Und wie halten wir Erwachsenen es mit solchen richtigen Bitten?

Und da können wir doch gelegentlich hören: „Zu ***dem*** gehe ich doch nicht, um mir etwas zu borgen, denn da muss ich vielleicht noch „Bitte, bitte" machen." Selbst unter Freunden muss man manchmal aufpassen, ***wen*** man um was bitten kann. Oder kann es gerade eine gute Freundschaft auszeichnen, dass man einen Freund oder eine Freundin ohne Hintergedanken und ohne Rücksichtnahme um etwas bitten zu kann? Und das alles in der Gewissheit, dass der gute Freund alles tun würde, was in seiner Macht steht, um uns unsere Bitte zu erfüllen? Allerdings weiß ich nun so genau nicht, was das für eine Freundschaft ist, von der in unserem Gleichnis die Rede ist, weil am Ende der Freund ja nur wegen des „unverschämten Drängens" aus seinem Bett aufsteht und dem Bittenden gibt, soviel er bedarf.

Aber was ist es ansonsten, was uns das Bitten so schwer macht? Vielleicht, dass es damit zu tun hat, dass der, der bittet, sich irgendwie klein macht, nämlich gewissermaßen klein oder gar demütig gegenüber dem, der die Bitte erfüllen kann? Aber Hand auf Herz! Dazu ist man doch zu stolz! Nein, das hat man doch nicht nötig.

Ich frage mich manchmal, ob die Gebetsmüdigkeit in unserer Zeit, ob das Abnehmen von Morgen-, Tisch-, Abend oder Schulgebet nicht damit zusammenhängt, dass wir neuzeitliche Menschen einfach zu ***stolz*** sind – wozu wir ja auch gute Gründe zu haben scheinen! Denn wozu sich klein und demütig zu machen und Gott um seine Hilfe, seine Barmherzigkeit und seinen Trost zu bitten? Denn das schaffen wir doch schon allein! Und wenn es wir als ***Einzelpersonen*** nicht schaffen, so gibt es doch eine Behörde oder ein Amt, das zu helfen hat. Und wenn das nicht klappt, dann gibt es gefälligst ***Parteien***, ***Vereine***, ***Verbände*** und ***Bewegungen***, die schon das Notwendige für mich ***durchzusetzen*** haben.

Ja, in solch ein gebetsfeindliches Klima sind wir gegenwärtig hineingeboren. So ist das Selbstbewusstsein unserer Zeit. So wird es uns tagaus tagein in Presse, Rundfunk und Fernsehen vor Augen und Ohren gestellt.

Aber – ***sind*** wir denn wirklich so selbstbewusst? Können wir unseren Lebensweg derart nach unserm Gutdünken beherrschen und gestalten, ohne andere bitten zu müssen? Ist denn jeder von uns dieser erfolgreiche, dynamische, begehrte und selbstsichere Mensch dieser mündigen Epoche?

Hier lohnt es sich sicherlich, einen Moment innezuhalten. Und an dieser Stelle soll keineswegs etwas gegen Erfolg, Mündigkeit und Selbstbewusstsein gesagt werden. Und ganz gewiss haben wir Gott viel dafür zu danken, mit wie viel Kraft, mit wie viel Geschick, mit wie viel Gutem und mit wie viel Gelingen er uns beschenkt hat.

Und dennoch: gibt es da nicht auch eine ganz andere Seite unseres Lebens? Denn das kennen wir doch auch, dieses ohnmächtige Anrennen gegen die scheinbare Willkür eines unbarmherzigen Schicksals. Das kennen wir doch auch, wie man hilflos mit ansehen muss, wie etwa Freundschaft oder Familie in Zank, Streit und Misstrauen auseinanderbrechen - und wie man vielleicht sogar selbst in irgendeiner Weise dazu beigetragen hat. Ja, das kennen wir doch auch, dieses ***Klagen*** und ***Schreien*** zu Gott in beruflichen Misserfolgen und Krisen, in Krankheit und peinlicher Schuld. Und dann das dumpfe ***Brüten*** über der Frage „***Warum***", „Warum denn gerade ***ich***?". Und dann spitzt sich alles zu in der Frage: „Wo ***bleibt*** denn nun ***Gott***?" „Wo ***bleibt*** denn nun Gottes ***Verheißung***?" Wo ***bleibt*** denn nun diese Verheißung „Bittet, so wird euch gegeben; suchet, so werdet ihr finden; klopfet an, so wird euch aufgetan."? Wo ***bleibt*** denn nun die Erfüllung dieses wunderbaren Wortes unseres Herrn und Heilandes Jesus Christus, dass wir uns wie Kinder an unseren himmlischen Vater mit allen Sorgen, Bitten und Sehnsüchten wenden dürfen und er uns ***erhören*** will?

Allerdings, wie ist denn eigentlich unser eigenes Verhalten, wenn uns als Vater oder Mutter unsere ***eigenen*** Kinder bitten? Und da kennt uns Jesus doch und weiß, dass wir als Eltern einerseits unseren geliebten Kindern nach Möglichkeit schon die Bitten erfüllen. Jesus kennt uns sogar so gut mit unseren Fehlern und Unvollkommenheiten, dass er zugespitzt darauf hinweist, dass „ihr, die ihr böse seid, euren Kindern gute Gaben geben könnt".

Andererseits prüfen wir doch schon, ob es immer gut ist, unseren Kindern ***jede Bitte zu erfüllen***. Wenn etwa um die dritte Tafel Schokolade am Tag gebeten wird, sagen wir da nicht auch „Nein"?

Und warum? Doch weil wir unser Kind ***wirklich lieben***! Und weil wir genau wissen, dass ihm ein Stück Brot oder ein Apfel viel ***besser*** bekommen! Dass eben der Hunger unseres Kindes durch ganz andere Dinge gestillt wird, als wonach ihm gerade der Sinn steht! Ja, und ***genauso*** dürfen wir uns darauf verlassen, dass unser himmlischer Vater uns nichts Schlechtes, Bösartiges oder Zerstörerisches zukommen lässt, sondern nur das, was uns ***wirklich*** nährt, fördert und uns in unserem geistlichen Leben weiter bringt.

Jedoch, brauchen wir ihn deshalb nun überhaupt nicht mehr zu bitten und unsere manchmal uns sogar schädlichen Wünsche und Bitten vor ihn zu bringen, weil er doch schon alles von uns weiß und für uns tut? Doch - bitten sollen wir ihn. Und das nicht nur um die ganz großen Dinge, wie unser Heil und den Frieden der Welt, sondern auch und gerade um die ***kleinen*** Dinge, die ***Alltäglichkeiten***, sei es um ein gemütliches Kaffeetrinken, oder um das Gelingen aller Klassenarbeit, oder vielleicht selbst sogar um einen Parkplatz in der Stadt.

Denn durch jedes tägliche oder stündliche Gebiet sind wir doch hineingerufen, unser Leben unter den Augen des himmlischen Vaters zu begreifen. Und damit kommen wir zu der letztlich wichtigsten Bitte jedes Gebetes: nämlich zu der Bitte, doch ***glauben*** und ***erkennen*** zu können, wie Gott für diejenigen wirkt und handelt, die sich ihm anvertrauen. Und das ist im Grunde nichts anderes als die Bitte um den Heiligen Geist. Durch ***ihn*** können wir mit einem Male erkennen, wie Gott unser Leben ***eigentlich*** meint, wohin wir ***eigentlich*** geführt werden sollen, wie wir in Krise, Schande oder Einsamkeit ***wachsen*** und ***hoffen*** sollen, damit wir dereinst am Ende aller Tage ***erfüllt*** und ***vollendet*** werden, und damit ***schöner*** und ***besser*** werden, als wir einfachen Menschenkinder es uns vorstellen könnten.

Darum ist ***diese*** Bitte unter alle Bitten die Wichtigste, nämlich unseren Gott um seinen ***Heiligen Geist*** bitten zu dürfen. Denn durch ihn wird letztlich aus Bitten fröhliches Danken und wird aus Klage erfüllte Freude. Und das will jetzt unter uns schon beginnen und dann bis in alle Ewigkeit reichen. Und das ist einfach großartig!

Amen

IV. TRINITATISZEIT

Predigt über 1. Kor 14,1-3.20-25 zum 2. Sonntag nach Trinitatis[13]

Strebt nach der Liebe! Bemüht euch um die Gaben des Geistes, am meisten aber um die Gabe der prophetischen Rede! Denn wer in Zungen redet, der redet nicht für Menschen, sondern für Gott; denn niemand versteht ihn, vielmehr redet er im Geist von Geheimnissen. Wer aber prophetisch redet, der redet den Menschen zur Erbauung und zur Ermahnung und zur Tröstung.

Liebe Brüder, seid nicht Kinder, wenn es ums Verstehen geht; sondern seid Kinder, wenn es um Böses geht; im Verstehen aber seid vollkommen. Im Gesetz steht geschrieben (Jesaja 28,11. 12): »Ich will in andern Zungen und mit andern Lippen reden zu diesem Volk, und sie werden mich auch so nicht hören, spricht der Herr.« Darum ist die Zungenrede ein Zeichen nicht für die Gläubigen, sondern für die Ungläubigen; die prophetische Rede aber ein Zeichen nicht für die Ungläubigen, sondern für die Gläubigen.

Wenn nun die ganze Gemeinde an einem Ort zusammenkäme und alle redeten in Zungen, es kämen aber Unkundige oder Ungläubige hinein, würden sie nicht sagen, ihr seid von Sinnen? Wenn sie aber alle prophetisch redeten und es käme ein Ungläubiger oder Unkundiger hinein, der würde von allen geprüft und von allen überführt; was in seinem Herzen verborgen ist, würde offenbar, und so würde er niederfallen auf sein Angesicht, Gott anbeten und bekennen, dass Gott wahrhaftig unter euch ist.

Liebe Gemeinde!

Wenn da in der Bibel direkt im Kapitel ***vor*** unserem Predigtwort so ***wunderbar*** von der Liebe die Rede war – und das klingt ja in unserem ersten Satz noch mit - dann kann das eigentlich ***jeder*** gut verstehen und nachempfinden. Aber was sollte man wohl verstehen und nachempfinden können, wenn es nun in unserem Predigtwort mit so schwierigen und überholten Begriffen weiter geht. Denn wer kann heute noch etwas anfangen mit dem Ausdruck „***Zungenrede***“ oder auch „***prophetische Rede***“? Vor allem aber: wen unter uns heutigen Zeitgenossen mag das noch interessieren?

Und außerdem sind wir doch heute im Gottesdienst nicht zusammengekommen, um uns den Kopf über schwierige Reden und Bräuche vergangener Zeiten zu zerbrechen, sondern um so dringend unseren Gott um Hilfe und Stärkung für unsere Seele zu bitten, aber ihm auch für alles Gute zu danken, das er uns hat zukommen lassen.

Jetzt weiß ich nicht, ob ich zu phantasielos bin, aber ich kann es mir nicht anders vorstellen, als dass die christlichen Gottesdienste zu Lebzeiten des Hl. Apostel Paulus im Kern von genau solcher Sehnsucht getragen waren wie heute. Aber wenn es nun nicht anders war als heute, warum ermahnt er uns dann zu dieser „prophetischen Rede“, was immer das auch sein mag?

Mir fällt in diesem Zusammenhang eine Szene auf dem Hamburger Hauptbahnhof ein und vielleicht hat der eine oder andere unter uns schon einmal Ähnliches erlebt. Da steht doch mitten vor dem großen Hauptportal ein vielleicht vierzigjähriger Mann in einem abgewetzten Mantel und wirrem Haar. Er redet laut und blickt dabei starr in die Ferne. Viele Menschen strömen unbeteiligt vorbei. Aber eine kleine Schar Neugieriger verweilt, bleibt stehen, hört ihm zu und lässt sich auch nicht durch die vielen kleinen Tröpfchen schrecken, die er bei seiner wütenden Rede zischend und sprühend um sich verbreitet. Der Mann erzählt oder besser schreit und brüllt von ***Gott*** als dem ***zornigen Richter***, der diese Welt ***verderben*** wird. Ja, es sei nur noch eine ***kurze Zeit***, in der wir alle Buße tun müssten, ***alle***! ***Wehe***, wenn man deshalb jetzt nicht vor Gott ***zittert*** und auf alles verzichtet, auf Geld und Gut, Frau und Kinder, vor allem aber auch auf alles Böse, auf Leichtfertigkeit, Spiel und Vergnügen. Nein, ***anders*** könne man dem Zorn Gottes ***nicht*** entrinnen, und der würde dann ***alles vernichten***, ***ja, vernichten!***

Was war das für ein ***Spektakel***! Und was war ***das*** nun für ein Mann? Ich kannte ihn nicht und habe nie wieder etwas von ihm gehört. Aber war er etwa nun ein

Prophet, der von Gott zu uns gesandt war? Und was dieser Mann geredet hatte, war das etwa nun prophetisch? Und sollten wir alle etwa nun ***genauso reden, schreien, drohen,*** sei es auf dem Hauptbahnhof oder in unserer Gemeinde?

Ich habe da meine Zweifel. Und dennoch will mich dabei eins nicht loslassen. Denn wenn wir ***derartiges*** Reden nicht für uns gelten lassen wollen, dann kommen wir trotzdem nicht an der ganz wichtigen Frage vorbei, ***wie*** und ***was*** wir eigentlich immer miteinander so ***reden*** - vor Gott, mit den Menschen und überhaupt! Reden wir irgendwann einmal ***mehr*** oder ***Inhaltsreicheres*** als das übliche: „Hallo, wie geht's?" „Na, was gab's denn gestern im Fernsehen?" „Und was hat Nachbarin XY wieder erzählt?"

Und wie wäre das, wenn wir genau dazu einmal dieses Bild des Hl. Apostels aufnehmen und uns fragen würden, was da wohl passierte, wenn bei unserem derartigem Reden ein Ungläubiger oder Unkundiger hereinkäme? Hand aufs Herz! Was würde der wohl ***sagen***? - Würde der etwa sagen, wie es uns hier der Hl. Apostel Paulus ausmalt, „Ihr seid von Sinnen!"? ***Doch niemals***! Oder würde er etwa niederfallen, um Gott ***anzubeten***, weil er merkt, dass Gott unter uns wirkt? Denn ***das*** stellt uns doch der Hl. Apostel als die andere, bessere Möglichkeit vor. Aber wer käme auf ***so etwas***, bei dem, was wir eben so üblicherweise über das Wetter oder den neuesten Nachbarschaftstratsch reden? Sondern wenn da ein Ungläubiger oder Unkundiger hereinkäme und zuhörte, der würde sicherlich sagen: „Das ist doch alles ***ganz normal***."

Und so normal ***redet*** man eben bei uns etwa beim Einkaufen oder beim Schulelternabend oder im Sportverein. Nein, es ist alles ganz ***normal*** und sogar ***gemütlich*** und ***behaglich***. Nein, dass da Leute in Zungen reden und im Glauben begeistert und kaum zu halten sind, nein, das haben wir bei uns nicht. Nein, nein, bei uns ist alles ***ganz normal***. Beruhigend immer ganz normal.

Aber halt! Können wir denn immer ***„ganz normal"*** in unserem ganzen Leben reden? Vor allem: könnten wir das, wenn wir eines Tages ***Rechenschaft*** über unser Leben geben sollten? Kann man da ***„ganz normal"*** reden, wie immer, wo man ja meist nichts Besseres zu tun hat, als darzustellen, wie ***gut*** man ist, oder was für eine perfekte Hausfrau man ist, oder was für ein überlegener ***Fachmann*** man ist? Kann man da ***„ganz normal"*** reden, wie immer, wo man in jedem Gespräch den aktuellen Stand des eigenen Gesundheitszustands ansprechen will, so dass mancher auf dem Bürgersteig schon schnell die Straßenseite wechselt, um sich das ganze hundertfach gehörte Elend nicht noch einmal anhören zu müssen. Kann man da ***„ganz normal“*** reden, wie immer, wenn man damit rechnen muss, dass alles in unserem Leben, was nicht von Gott her und auf ihn hin in unserem Leben ausgerichtet gewesen ist - was eben nicht von Glaube, Liebe, Hoffnung getragen ist -, sich ins Nichts auflöst, weil es ***nichtig*** und ***belanglos*** ist? Und das schon ***jetzt*** und ***nicht erst*** im letzten Gericht!

Und wenn man so ***„ganz normal“*** redet, wie immer, in einem Geist der Nichtigkeit und Vergänglichkeit, oder der Selbstdarstellung und Selbsterhöhung oder der Sorge und der Trauer, wie sollte dann irgendjemand, der uns hört, ***niederfallen*** und Gott ***anbeten***? Vielleicht würde auch ein ganz Unbefangener sagen: Durch eure Sprache ***verratet ihr euch*** und zeigt, was für ein ***Geist*** in euch herrscht! Dadurch, ***wie ihr sprecht,*** liegt ihr wie auf einem ***Präsentierteller*** und jeder kann sehen und hören, ***was*** ihr denkt und fühlt und glaubt.

Ich muss jetzt an eine kleine Begebenheit in unserem Kindergarten denken: Ich guckte einmal für einen kurzen Moment in eine Gruppe hinein und begrüßte winkend alle. Da kam eines der Kinder auf mich zugelaufen und schwatzte fröhlich darauf los: „Ich kenn dich, ich kenn dich. Du bist der liebe Gott.“ Oh, wie ***erschrak*** ich da. Hatte ich mich etwa in den Kindergartengottesdiensten unverschämterweise so groß und gewaltig gebärdet und geredet, dass die Kinder meinen mussten, es ginge im Gottesdienst um ***mich*** und nicht um den ***lebendigen Gott***, von dem ich Zeugnis abzulegen hatte? Was wäre das für eine sträfliche ***Unbescheidenheit meiner Sprache***, der ich durch dieses Kind überführt wäre?

Aber die Bibel sagt uns da ganz deutlich: Wenn wir überführt würden, dass es in unserer Sprache nur um Selbsterhöhung, um Vergängliches und Belangloses oder um hoffnungslose Sorge unserer leiblichen Existenz ginge, dann wird von unserem Gesagten genauso wenig bleiben wie von ***uns*** und unserer ganzen ***Existenz***. Dann wird unser Leben ***verhallen*** und ***vergehen*** wie ein ***Geschwätz***. Wenn unser Denken, Fühlen und Reden nicht von Ewigem geleitet ist, dann wird es eben ***vergehen*** und dann wird eben nur ein dumpfer Plumps zu hören sein, wenn wir von unserem Sockel stürzen.

Als Christenmenschen, also als Menschen, die durch Christus schon mit der Dimension der Ewigkeit vertraut gemacht werden, sind wir nun besonders zur Rechenschaft über unser Reden gefordert. Und reden wir da zumindest genauso ***respektvoll*** über das Ewige und Heilige wie etwa die ***Muslime***, von denen wir uns ja sonst auch abgrenzen? Wenn Christus für uns Perspektive der Ewigkeit und des Heiligen ist, dann heißt das zuerst, dass da nicht irgendein ***anderer*** in seinem Reden vor Gott geprüft und überführt wird, sondern zuerst ***genau wir***, sondern zuerst genau ***Du*** und ***ich***. Da geht es zunächst nicht darum, dass irgendein ***anderer*** vor Gott niederfallen, anbeten wird, sondern zu allererst ***wir***. Warum? Weil uns doch plötzlich siedend heiß die ***Vergänglichkeit*** unserer Gedanken, Worte und Werke aufgeht. Und wem das in aller Peinlichkeit klar wird, was bleibt dem da wirklich anderes übrig, als ***niederzufallen*** und ***anzubeten*** und allein auf ***Christus*** zu hoffen!

Und genau an dieser Stelle zeigt sich, dass Christen keineswegs besser sind als andere - aber ***besser dran***! Denn, wenn wir uns auf ***Christus*** verlassen, dann dürfen wir uns doch ***auch*** darauf verlassen, dass am Ende der Zeiten vor Gottes Angesicht zwar alles offen gelegt wird, und dass zwangsläufig angesichts der Ewigkeit alles Vergängliche vergehen muss, dass aber dann ***Gericht*** durch das Geheimnis göttlicher Liebe für alle, die im Glauben auf Christus schauen, ein ***wieder richtiges Ausrichten*** bedeutet, ein ***Alles-wieder-gerade-richten*** von allen Verkrümmten in uns, eben Erlösung von Schuld, Vervollkommnung alles Unvollkommenen.

Wer auch nur ***etwas*** von diesem Geheimnis verstanden hat, wen hier geheimnisvoll ***schon jetzt*** Ewigkeit angerührt hat, wer ***hier*** schon wunderbar Ewiges verspüren und fühlen kann, der ist dann vielleicht ***so*** entzückt und entrückt, dass es ihm gar nicht möglich ist, diese Erfahrung verständlich auszudrücken. Und da kommt dann vielleicht nur so etwas wie besseres Stammeln heraus, eben so etwas, was man früher als „Zungenreden" bezeichnete.

Aber wenn wir das so Erfahrene nicht bei uns behalten in privater stiller Befriedigung, sondern wenn wir versuchen, das vernünftig, verständlich weiter zu geben, wenn wir versuchen, diese Perspektive der Ewigkeit weiter zu sagen, damit auch andere so im Glauben getragen werden können, ***genau dann*** reden und handeln wir ***prophetisch***, so wie es der Hl. Apostel Paulus in unserem Bibelwort beschreibt.

Diese ***vernünftige Perspektive der Ewigkeit*** kann und wird – so Gott will – auch ein Ungläubiger oder Unkundiger verstehen. Und dabei kann er ganz deutlich sehen, dass uns Christen einerseits sehr wohl so viel durch Gottes Wort des Gerichtes von unseren Gedanken, Worten und Werken ***gerichtet***, ***zerbrochen*** und ***zerstört*** ist. Ebenso deutlich kann er dann aber auch sehen, dass wir Christen selbst durch Jesus Christus schon jetzt in diese Perspektive der Ewigkeit hineingenommen sind und darum ***erlöst*** und ***getröstet***, und deshalb ***froh*** und ***gelassen*** sind. Und in diese Perspektive der Ewigkeit, in der alles Vergängliche vergehen muss und alles Ewige strahlend bleiben wird, kann dann ein Ungläubiger oder Unkundiger mit hinein genommen werden. Und dann befindet er sich mit einem Mal ***mit der Gemeinde zusammen*** auf dem Weg der im Glauben erlösten zur endgültigen Erlösung. Und er wird dann mit hinein genommen in ein ***neues dankbares Reden*** untereinander oder auch in das ***gemeinsame lobende Schweigen.*** Denn wenn uns in der Perspektive der Ewigkeit wirklich Gottes Nähe anrührt, dann kann es leicht alle Worte übersteigen. Aber Gott ist größer als alle unsere Worte. Gott sei Dank!

Amen.

Predigt über 1. Mose 12,1-4a
zum 5. Sonntag nach Trinitatis[14]

Der HERR sprach zu Abram: Geh aus deinem Vaterland und von deiner Verwandtschaft und aus deines Vaters Hause in ein Land, das ich dir zeigen will. Und ich will dich zum großen Volk machen und will dich segnen und dir einen großen Namen machen, und du sollst ein Segen sein. Ich will segnen, die dich segnen, und verfluchen, die dich verfluchen; und in dir sollen gesegnet werden alle Geschlechter auf Erden. Da zog Abram aus, wie der HERR zu ihm gesagt hatte.

Liebe Gemeinde!

Was ist das für eine ***Szene***, die einen anrühren oder verwirren, aber auch ermuntern oder trösten kann! Mir kommen dazu gleich zwei Bilder vor Augen.

Das eine (links) aus dem 6. Jahrhundert: Das zeigt eine etwas verwirrt und zweifelnd schauende Gestalt, also Abram, und – aus den Wolken einfach eine weisende Hand. Und das zweite Bild (rechts) ist neueren Datums: Das zeigt einen Himmel voller Sterne und eine staunend erwartungsvoll nach oben schauende Gestalt mit weit ausgebreiteten Armen und Händen. Und ein Licht fällt ihm von oben auf Stirn und Herz.

Was für eine ***Spannung*** zwischen diesen beiden Bildern. Was für eine ***Spannung*** in unserem Bibelwort.

Allerdings vielleicht steht uns als versierten Bibellesern und –hörern und als weltgewandten modernen Menschen gar nicht mehr die ***Dramatik*** im Anfang unseres Bibelwortes vor Augen. Denn wenn heutzutage etwa junge Leute hören, sie sollten aus der überlieferten Umgebung ausziehen, dann sagen die vielleicht: „***Toll***, das wollte ich schon immer! Dieses muffige Elternhaus, diese Enge der Kleinstadt, die haben mich schon lange angewidert, und jetzt endlich kann ich endlich heraus! ***Wunderbar***!“

Das ist aber ***nicht*** die Lebenssituation, in der Abram von Gott gesagt bekommt: „Geh aus deinem Vaterland und von deiner Verwandtschaft und aus deines Vaters Hause“. Denn in der damaligen Zeit, da bedeutete für Abram als Viehzüchter einfach „Vaterland“ und überlieferter Boden die gesamte wirtschaftliche Lebensgrundlage. Nur auf dem einem ***selbst*** zustehenden Land konnte man seine Ziegen und Schafe ungestört weiden lassen und ***damit*** eine gesicherte Lebensbasis haben. Und was die Verwandtschaft anbelangt, so bedeutete ***die*** in diesen Urzeiten nahezu den einzig erreichbaren Schutz und ganz konkrete Hilfe. Denn wen man alarmieren konnte und durfte, wenn ***Feinde*** in das Land eindrangen, um sie dann zurückzudrängen, das war doch die ***Verwandtschaft***. Und Feinde gab es damals ***viel***. Verwandtschaft konnte und durfte man auch um Hilfe bitte, wenn Krankheit und Tod zuschlugen. Und dann hielt man zusammen. Und was ein ***Haus*** betrifft, so war es in damaliger Zeit aus Lehmziegeln vielleicht schneller gebaut, aber sicherlich nicht weniger bedeutsam als heute.

Wenn man also in der heutigen Zeit die ***Zumutung*** wirklich verstehen wollte, vor die Gott diesen Viehzüchter Abram stellt, dann sollte man lieber nicht dieses: „Geh aus deinem Vaterland und von deiner Verwandtschaft und aus deines Vaters Hause.“ im Ohr haben, sondern vielleicht stattdessen: „Geh aus deinem Beruf und Gelderwerb, ***verzichte*** auf Sozialversicherung und polizeilichen Schutz, ***lasse alles hinter dir***, was du dir an Vermögen, Haus oder Verbindungen erworben hast – und ***gehe in die Wüste***!“

Das ist wirklich ein ganz anderes Kaliber. Allerdings weiß ich, dass selbst ein ***solches*** Gebot heutzutage für manche junge Leute interessant genug sein könnte. Eben für junge Leute, die ihren ganz ***eigenen*** Weg suchen und finden wollen, und sei es in der Wüste. Jedoch für ***Ältere***, die schon lange ihren Weg gefunden haben, so wie Abram, für Ältere, die gesettelt sind und die das Leben bereits gesehen haben, da ist das ***völlig unakzeptabel***! Und hier dürfen wir doch nicht den Vers direkt nach unserem Predigttext übersehen, wo es nämlich heißt: „Abram aber war ***fünfundsiebzig Jahre alt***, als er aus Haran zog."(Gen 12,4b)

Jetzt weiß ich zwar nicht, ob diese alttestamentlichen Altersangaben genau mit unseren Altersvorstellungen übereinstimmen. Wie wäre es aber, wenn diese Abram-Geschichte trotzdem eine ***Senioren***-Geschichte wäre? Wie wäre es, wenn hier etwa in dieser Weisung Gottes an Abram eine Weisung an uns ***Ältere*** in der Christenheit hindurchklingen wollte? Ja, wie würde sich das denn für uns Ältere anhören, wenn man diese Weisung Gottes: „Geh aus deinem Vaterland und von deiner Verwandtschaft und aus deines Vaters Hause" für das eigene gereifte Leben vielleicht ***so*** verstehen könnte: „Verlass dich nicht mehr auf deine gesicherte Rente und Pension. Beanspruche nicht mehr eine komplette Rundumbetreuung durch deine Lieben. Trenne dich endlich von deinem Haus oder anderem teuren Gut und brich auf in neue Lebensverhältnisse!"?

Möglicherweise ***hat*** der eine oder andere solche Weisung bereits gehört oder gefühlt, und schon fürsorglich das Meiste seiner Habe an liebe Angehörige ***weitergegeben*** und ***ist*** bereits aufgebrochen in die letzte, ganze bescheidene Phase seines Lebens, die für manche „Betreutes Wohnen" oder Leben im Seniorenheim bedeutet.

Wenn auch aus der Sicht der Jüngeren solch eine konkreten Weisung, seinen gewohnten Lebensraum zu verlassen, völlig logisch und konsequent erscheinen mag, so darf nicht übersehen werden, dass wir Menschen uns in ***keinem*** Alter gern Weisungen erteilen lassen. Und darum erleben wir es immer wieder, wie viele unter uns Älteren so etwas einfach ***nicht hören*** wollen und sich die ***Ohren zu halten***. Allerdings das auch mit guten ***Gründen***, denn aus Erfahrung wissen wir, wie gut es ist, eigene ***Reserven*** und ***Vorräte*** zu haben, und wie hilfreich es ist, sich in vertrauten Orten und Zusammenhängen sicher bewegen zu können und vertraute Menschen um etwas bitten zu können. Und außerdem: Haben wir uns nicht alles Gut und Geld, Haus und Hof und was uns zusteht, ***eigenhändig*** fleißig ***erarbeitet***. ***Warum*** sollen wir uns jetzt von allem ***trennen***?

Es könnte allerdings auch sein, wenn wir genau hinschauen, dass wir doch insgeheim erkennen, dass allein unser ***Gott***, als Geber aller guten Gaben, uns hat

Vaterland, Verwandtschaft, Haus, Gesundheit, Gut und Geld aus lauter Güte ***zuwachsen*** lassen. Und vielleicht leuchtet uns, wenn wir genau hinschauen, genauso insgeheim ein, dass wir Ältere uns von so viel trennen und uns zurückziehen müssen, damit die ***nächste*** und ***übernächste*** Generation ***Lebensmöglichkeiten*** und ***Lebensraum*** hat. Denn ansonsten würden sie doch die vielen durchaus berechtigten Ansprüche von uns Älteren schlicht ***erdrücken***!“

Jedoch wenn wir uns dann von Haus, Gut und Geld trennen und uns zurückziehen wollten und vielleicht alles den Kindern oder Enkeln überlassen oder mildtätigen Werken, was ist, wenn die dann grob ***undankbar*** sind? Was ist, wenn man uns dann wegen unserer Selbstlosigkeit nicht genügend ***lobt*** und ***preist*** und mit der Währung von ***Liebe*** und ***Fürsorge zurückzahlt***? Das würde uns ***nicht*** gefallen. Darum lieber erst gar nicht richtig zuhören!

Wie anders ist das da bei Abram! Denn der schaut ***nicht*** darauf, was es bringt und wie es werden wird. Und für ihn ist zwar auch der merkwürdige Satz zu einem großen Volk gemacht zu werden, völlig unverständlich. Aber er ist einfach der aus den Wolken weisenden Hand Gottes ***gehorsam*** und ***geht***.

Allerdings ist genau ein solcher Gehorsam für uns Ältere genauso wie für Jüngere einfach ***unakzeptabel***! Denn wir sind es gewohnt, alles ***selbst*** zu bestimmen und ***selbst*** aus ***Einsicht*** zu handeln, aber doch ***nicht*** aus ***Gehorsam***! Und die vernünftige Einsicht, dass die nächste und übernächste Generation auf unsere Kosten Lebensmöglichkeiten und Lebensraum haben müssen für ihre Zukunft, kann ***keinesfalls*** stärker sein, als unser gegenwärtiges ***Sicherheitsbedürfnis***. Darum ist auch heutzutage dieser Nachsatz an der göttlichen Weisung, zu einem großen Volk gemacht zu werden, ***völlig uninteressant***.

Wie wäre es aber, wenn die Einsicht in uns groß werden könnte, dass der lebendige Gott nicht nur das Lebensgesetz für den ganzen Kosmos ist, sondern auch ganz bestimmt ***meinen*** und ***deinen*** Weg durchs Leben bestimmt und trägt? Es könnte doch auch sein, dass wir Jüngere und Ältere in unserem Leben bereits ***erfahren*** haben, wie unser Gott uns nicht nur so viele Male ***wohl geführt***, ***behütet*** und ***beschützt*** hat, sondern es sogar verstanden hat, aus ***Bösem Gutes*** für uns entstehen zu lassen, aus ***Gefahr*** und ***Angst***, ***Dankbarkeit***, ***Freude*** und ***Erfüllung***. Und als Christenmenschen dürfen wir doch sogar in dem Glauben leben, dass selbst Qual und Tod für den, der glauben kann, unter dem Kreuz ***aufgehoben*** ist und durch Auferstehung ***überwunden*** wird. Und wenn wir ***das*** als die Grundlage für Gottes Gesetz und seine Weisung bereits haben erkennen und erfühlen dürfen, dann wäre doch Gehorsam gegen seine Weisung überhaupt ***nicht abwegig***!

Darum kommt jetzt ***das***, was in dem ***zweiten*** Bild von Abram so eindrücklich dargestellt ist: Das ist der ***Himmel voller Sterne***. Und darunter stehen ***Abram*** und ***wir*** und schauen ***staunend erwartungsvoll*** nach oben mit ***weit*** ausgebreiteten Armen und Händen mit einem Licht, das von oben auf Stirn und Herz fällt. Nein, Gehorsam gegen Gottes Weisung ist ***nicht*** Herdengehorsam der Lemminge in Tod und Vernichtung. Sondern wenn wir uns nach Gottes Gebot richten, und unsere guten Ansprüche und Absicherungen zugunsten der Jüngeren und derer, die Not leiden, verlassen, dann dürfen wir uns trotzdem sicher sein, in das Lebensgesetz für den ganzen Kosmos unverlierbar eingebettet zu sein und zu bleiben. Wenn wir uns auf diese Weise von Gütern dieser Welt trennen und großzügig sind, und uns damit nach dem von Christus verkündigten Doppelgebot richten, Gott zu lieben und unseren Nächsten wie uns selbst, dann kneifen wir uns nicht etwas ab, sondern haben und behalten Anteil an der kosmischen Fülle, die uns von der Ewigkeit her berühren will. Für den, der das glaubt, kann es darum richtig ***spannend*** werden, in neue Lebensabschnitte aufzubrechen! Denn dann wandern wir eben nicht in einen Wüsten-Todesstreifen, sondern in das „***gelobte Land***", in das Land, in dem, wie es dann in der Väter-Geschichte für die Ohren des Alten Gottesvolkes weiter heißt, „Milch und Honig fließt", oder wie es das Neue Gottesvolk wissen darf, in das Land, das von der Liebe zu Gott und zu den Nächsten erfüllt ist.

Und wenn wir uns auf diese Weise nach dem uns von Christus verkündigten Doppelgebot richten, dann werden wir nicht nur ***selbst*** erfüllt und dankbar, sondern dann werden wir auch durch unsere Liebe und Großzügigkeit ein ***Segen***. Und das nicht nur für unsere nahen Angehörigen und für unsere Gemeinden, sondern für die ganze Welt. Und dann werden nicht nur ***wir***, sondern ***alle Welt*** die Erfahrung teilen, dass nur ***das*** bleibt und Früchte trägt, was aus ***Glaube, Liebe, Hoffnung*** gedacht, gefühlt, gesagt und getan wird, während alles andere unter der bitteren Erfahrung der Vergänglichkeit steht und nicht bleiben wird.

Gewiss haben wir nie die ***letzte*** Gewissheit, ob das, was wir gedacht, gefühlt, gesagt und getan haben, allein aus ***Glaube, Liebe, Hoffnung*** kommt. Aber genau darin tragen uns eben Glaube und Hoffnung, dass Gottes Segen wirkt, egal, ob wir das selbst an uns merken können. So braucht die Welt eben ***Glaube, Liebe, Hoffnung***, und nicht unsere klugen Analyse. Darin werden gesegnet alle Geschlechter auf Erden. Und in diese Wirklichkeit aus ***Glaube, Liebe, Hoffnung*** da können wir Jungen oder Alten gern gemeinsam ausziehen, aus allem, was uns hier auf dieser Welt ablenken und unnötig binden will, also letztlich froh, getrost und erwartungsvoll aus dieser vergänglichen Welt hinaus hinein bis in Gottes Ewigkeit.

Amen

Predigt über 5. Mose 7,6-12
zum 6. Sonntag nach Trinitatis[15]

Mose sprach zu dem Volk Israel: Du bist ein heiliges Volk dem HERRN, deinem Gott. Dich hat der HERR, dein Gott, erwählt zum Volk des Eigentums aus allen Völkern, die auf Erden sind. Nicht hat euch der HERR angenommen und euch erwählt, weil ihr größer wäret als alle Völker, denn du bist das kleinste unter allen Völkern, sondern weil er euch geliebt hat und damit er seinen Eid hielte, den er euren Vätern geschworen hat. Darum hat er euch herausgeführt mit mächtiger Hand und hat dich erlöst von der Knechtschaft, aus der Hand des Pharao, des Königs von Ägypten.
So sollst du nun wissen, dass der HERR, dein Gott, allein Gott ist, der treue Gott, der den Bund und die Barmherzigkeit bis ins tausendste Glied hält denen, die ihn lieben und seine Gebote halten, und vergilt ins Angesicht denen, die ihn hassen, und bringt sie um und säumt nicht, zu vergelten ins Angesicht denen, die ihn hassen.
So halte nun die Gebote und Gesetze und Rechte, die ich dir heute gebiete, dass du danach tust. Und wenn ihr diese Rechte hört und sie haltet und danach tut, so wird der HERR, dein Gott, auch halten den Bund und die Barmherzigkeit, wie er deinen Vätern geschworen hat.

Liebe Gemeinde!

Der heutige Predigttext ist zweifellos ein ***mächtiges, uraltes Wort***! Das alte Gottesvolk hat sich versammelt in dem großen Talkessel an Fuße des Berges Sinai und der große Gottesmann Mose spricht zu ihnen allen mit ***donnernder Stimme***. Vielleicht hört man jetzt vor allem den ***letzten*** Teil seiner Worte widerhallen, nämlich welch eine Fülle von Geboten und Weisungen er ihnen damit vorlegt, die sie als auserwähltes Gottesvolk ***unbedingt*** zu erfüllen haben. Und da kann ich mir vorstellen, wie dabei mancher innerlich zusammenzuckt, wenn er diese Sätze vernimmt, in denen der allmächtige Gott androht, denen zu ***vergelten*** und die ***umzubringen***, die ihn ***hassen***.

Ob vielleicht deshalb jetzt einigen von unseren Konfirmanden durch den Kopf schießt: "Och, ***so*** habe ich mir das alles eigentlich gar nicht vorgestellt. Ein Bisschen Konfirmandenunterricht, sich einmal die Woche dort ein wenig erzählen lassen, ***das*** kann doch ganz gemütlich sein und dann nach zwei Jahren ein großes Fest. Das hat doch `was für sich. Aber mit so ***Ernstem*** und ***Verbindlichem***, oder gar ***Bedrohlichem und Gefährlichem***, da wollte ich eigentlich ***nichts zu tun*** haben, das ist mir ***fremd und unbehaglich*** oder da ***fürchte ich mich*** sogar".

Aber keine Bange. Christenmenschen, die nun einmal durch die Taufe zu dem erwählten Gottesvolk dazugehören, brauchen sich nicht zu fürchten. Allerdings, wenn man sich sicher ist, dass man sich nicht zu fürchten braucht, dann traut sich mancher, schon einmal etwas kecker in die Welt schauen. Und wenn man sich dann so umschaut, dann fällt einem vielleicht auf, wie wenig in unserer modernen Welt von Jesus Christus oder von dem Gottesmann Mose oder überhaupt von dem alten oder neuen Gottesvolk die Rede ist. Worum geht es stattdessen heutzutage? Was sucht man gegenwärtig im Fernsehen oder auch auf den vielen Internet-Seiten? Doch vor allem immer ***Spaß***! Bestimmt: nur ***das*** ist heute interessant, was ***Spaß*** macht!

Wenn wir dagegen diesen Bericht von Mose und dem alten Gottesvolk hören, dann scheint so etwas ***nicht möglich*** zu sein. Denn wie soll man da ***Spaß*** haben können, wenn einem da gleich mit Donnerstimme ***vorgeschrieben*** wird, was man alles tun und einhalten muss, weil man zum von Gott auserwählten Volk gehört. Und wehe wenn man das ***nicht*** einhält, dann gibt es eben ***Strafen*** und ***Vergeltung***. Aber wenn man so von Gott und Kirche nur einen großen drohenden Zeigefinger sieht, wie sollte man dann noch Lust haben, sich etwa im Gottesdienst alles ***anzuhören***, denn wo sollte da der ***Spaß*** bleiben? Vielleicht sagt dann sogar auch mancher, ***wozu*** soll ich denn überhaupt zum auserwählten Gottesvolk gehören, wenn das mit ***soviel Bedrohung*** und ***so wenig Spaß*** zu tun hat? Und manche Spötter übertragen das ja sogar auf das Verhältnis von ***Himmel und Hölle*** und behaupten, im ***Himmel***, der ja dem Gottesvolk versprochen ist, da sei alles nur ***zwanghaft geordnet und langweilig,*** aber in der ***Hölle***, die ja die Sünder erwartet, da sei aber alles ***spannend und spaßig***.

Nun gut, es gibt bestimmt nicht wenige, die so denken. Und es darf ja auch niemand gezwungen werden, zu Gott zu gehören. Aber lassen wir uns doch nicht durch irgendwelche Späßchen ***verunsichern***, lasst uns doch ***Realisten*** sein und bleiben! Denn sollte das wirklich ***möglich sein,*** ein Leben ***ohne Gott und sein Gebot*** zu führen, um immer nur grenzenlosen Spaß zu haben? Wenn in unserer Spaßkultur alles erlaubt sein soll, so mag es doch z.B. nur für die ***wenigen spaßig*** sein, die den anderen gegen Gottes Gebot rücksichtslos ihr Eigentum wegnehmen, ***keinesfalls aber*** für die vielen, denen es weggenommen wird. Oder ***spaßig*** mag es doch nur für die ***wenigen*** sein, die die anderen gegen Gottes Gebot rücksichtslos belügen und betrügen, ***keinesfalls aber*** für die vielen, die belogen und betrogen werden. ***Spaßig*** mag es doch nur für ***die*** sein, die dem anderen gegen Gottes Gebot den Ehepartner ausspannen, ***keinesfalls aber*** für die, die mit einem Male den geliebten Partner verlieren oder erst recht nicht für die ***Kinder***, denen mit einem Male ein Elternteil fehlt. Offensichtlich scheint Spaß und Lebenserfüllung auf diese Weise und gegen Gottes Gebot durchaus ***für einige wenige*** möglich zu sein, aber ***viele, viele*** leiden darunter und können ***kein*** erfülltes und schönes Leben führen und sehnen sich nach Erlösung und Befreiung, so wie es unser Gott denen zusagt, die ihm vertrauen und sich nach seinem Wort richten.

Aber jetzt trotzdem noch einmal kurz zu denen, die sonst immer die ***Gewinner*** und ***Bestimmer*** sind, die sich rücksichtslos auf Kosten ***anderer*** durchsetzen: Wo bleibt wohl bei ***denen*** der Spaß, wenn dann auch bei ***ihnen*** mit einem Male ***Krankheit*** und ***Schmerzen***, ***Tod*** und ***Trauer*** kommen? Und warum sollte sich ***dann*** jemand liebevoll um ***sie*** kümmern wollen, wenn sie sich selbst bislang ***nie*** liebevoll um andere gekümmert haben?

Vielleicht leuchtet es so ein, dass es gibt eine Menge guter Gründe gibt, sich in seinem Leben nach Gott und seinem Gebot zu richten, denn sonst wird es wirklich für die meisten Menschen fürchterlich. Und ich denke, dass das eigentlich ***jeder*** vernünftige Mensch ***einsehen*** könnte und sollte, nicht nur jeder Getaufte. Und dennoch sind wir ja wach genug, um bemerkt zu haben, dass sich eben ***trotzdem*** eine ganze Menge Leute in unserer Spaßkultur nicht um Gott und sein Gebot scheren. Sondern dass sie trotzdem mit ***Macht*** versuchen, im Leben ihren Spaß zu haben und sei es auf Kosten ***anderer***. Übrigens, vielleicht habt selbst schon Ihr jungen Menschen entdeckt, dass eigentlich in ***jedem*** Menschen irgendwo dieses Streben steckt, sich eben nicht in Zucht nehmen zu wollen, sondern lieber sein Vergnügen zu haben, sei es nun ***unheilig, gemein oder hinterhältig***.

Die Bibel weiß genug davon. Sie nennt eben diese egoistische Lebensweise, die uns von Gott trennt, ganz nüchtern ***Sünde***. Nein, das hat nicht mit so aufreizenden Bezeichnungen zu tun, wie sie der Eiscreme-Hersteller Langnese in seiner Sommeraktion von 2003 propagierte und seinen neuen Eissorten den Namen „Tod-Sünden" gab, nämlich "Neid", "Rache", "Wollust" und "Habgier", (etwa neben Stolz, Zorn, Unkeuschheit, Trägheit oder Überdruß). Aber so ein Eis, das lutscht man weg und dann ist alles vergessen. Aber diese egoistische Lebensweise, die uns von Gott trennt und die ***Sünde*** genannt ist, die ist im Kern etwas ganz ***anderes*** und greift offenbar nach ***jedem*** von uns. Und das Schlimme für uns und alle Menschen ist, dass es uns trotz aller vernünftiger Einsicht ***nicht möglich ist,*** dieses sündhafte Streben in uns abzuschaffen, obwohl es uns ***tückisch und raffiniert*** hindert, in Liebe zu Gott und zu unseren Mitmenschen zu leben, wie es eben Gott ***eigentlich*** haben will. Aber darüber hinaus ist es ja so teuflisch, dass Menschen, wenn sie so gegen Gott und sein Gebot leben, bereits beginnen, sich ***selbst zugrunde*** zu ***richten***, also früher oder später das Gericht über das eigene Leben ***selbst vollziehen***.

Was ist das also für eine ***vertrackte*** Situation: Wir ***sollen*** als Getaufte und Auserwählte nach Gottes Gebot leben und ***können*** es nicht. Und auf der anderen Seite ***wollen*** wir nach unseren Spaßgelüsten leben und richten uns dabei letztlich ***zugrunde***. Wie soll man da seines Lebens ***froh*** werden?

Achtung! Man kann ***trotzdem*** seines Lebens froh werden! Bitte erinnern Sie sich doch nur noch einmal an den ***ersten*** Teil unseres Bibelwortes. Denn dort klingt schon für das Alte Gottesvolk ***das*** an, was durch Jesus Christus in der Taufe ***einem jeden von uns*** zugesagt ist, nämlich dass Gott sein Volk angenommen und erwählt hat, nicht wegen seiner Größe oder Tüchtigkeit, sondern weil er es ***geliebt*** hat. Und genauso dürfen wir uns durch Christus darauf verlassen, dass ***nicht*** Erfüllung von Regeln und Geboten für uns und unser Leben entscheidend ist sondern allein ***Gottes Liebe*** zu uns! So ist es versprochen! Das Entscheidende für unsere Seele geschieht ***dann***, wenn ich fest damit rechne, dass mein Gott mich ***liebt*** und mir ***treu*** ist, mich von Schuld und Sünder ***erlöst*** und mir ***das*** zukommen lässt, was in meinem Leben für mich ***gut*** ist.

Vielleicht kann man das wirklich damit ***vergleichen***, wenn ein kleines Kind hingefallen ist und sich das Knie aufgeschlagen hat und natürlich schrecklich ***schreit***. Wenn dann aber ***Mutter oder Vater*** kommt, pustet und das Kind in den ***Arm*** nimmt, ja, wenn es also dann verspürt, wie es von der elterlichen ***Liebe*** umschlossen und geborgen ist, ***dann hört es doch auf zu weinen*** und es wird alles ***gut***, es tut alles schon gar nicht mehr so richtig weh, und dann kann das Kind bald wieder mit den anderen Kindern spielen.

Wenn man sich also zusagen lassen kann, dass einen Gott wirklich ***liebt*** und einen darum treu im Leben ***hält und trägt***, dann ist das ***niemals*** langweilig, sondern ***tröstlich*** und tut der Seele ***wohl***, dann überwindet das Trauer und Schmerz, dann macht das ***froh und dankbar***. Ja, dann hat man auch ***Spaß*** miteinander. Aber keinen Spaß auf Kosten ***anderer***, sondern Freude, an der ***alle*** teilhaben können. Und so ist ja auch das Ziel eines Christenlebens zu beschreiben: nämlich dass man dann in Gottes ewigem Reich von Freude und Dankbarkeit erfüllt sein darf, mit allen anderen, die an Jesus Christus glauben und dann kommen von West und Ost und Nord und Süd, um miteinander Gott zu loben zu preisen von jetzt bis in Ewigkeit.

Amen.

Predigt über Mt 7,24-9 zum 9. Sonntag nach Trinitatis[16]

Jesus sprach: Wer diese meine Rede hört und tut sie, der gleicht einem *klugen* Mann, der sein Haus auf Fels baute. Als nun ein Platzregen fiel und die Wasser kamen und die Winde wehten und stießen an das Haus, fiel es doch nicht ein; denn es war auf Fels gegründet. Und wer diese meine Rede hört und tut sie nicht, der gleicht einem *törichten* Mann, der sein Haus auf Sand baute. Als nun ein Platzregen fiel und die Wasser kamen und die Winde wehten und stießen an das Haus, da *fiel es ein*, und sein Fall war groß. Und es begab sich, als Jesus diese Rede vollendet hatte, dass sich das Volk *entsetzte* über seine Lehre; denn er lehrte sie mit *Vollmacht* und nicht wie ihre Schriftgelehrten.

Liebe Gemeinde!

Heutzutage sind wir doch, wenn wir dieses Gleichnis Jesu gehört haben, ***überhaupt nicht*** entsetzt oder erschreckt, wie die Leute damals. Sondern wir sind heute eher ein Bisschen verwundert. Denn was sollte da eigentlich ***Schlimmes*** sein an diesem Gleichnis Jesu? Es geht da doch alles ganz logisch zu, und zwar für die Menschen ***damals*** genauso wie für uns Menschen ***heute***. Und um diese Logik einzusehen, da muss man noch nicht einmal selbst ein Haus gebaut haben. Denn das begreift doch ganz unmittelbar jeder, dass ein Haus auf Fels oder festem Grund nun einmal ***fest*** steht und tatsächlich in der Lage ist, Wasser und Wind zu trotzen! Und genauso ist es für die Menschen damals wie für uns Menschen heute einzusehen, dass ein Haus, das man leichtsinnigerweise oder sogar schuldhafterweise auf Sandboden gebaut hat, nun einmal durch überstarke Wassermassen weggespült wird. Darum kommt doch ernsthaft niemand auf den Gedanken, ein Haus etwa direkt an dem Sandstrand einer Insel wie Sylt zu bauen, wo die Brandung es unterhöhlt und dann schlicht wegreißt. Also darum schlicht noch einmal: Was hat die Leute wohl ***damals*** dazu gebracht, sich so zu ***entsetzen***? Und warum sollten ***wir*** in dieser Stunde von diesem Gleichnis Jesu etwa angerührt oder bewegt sein?

Ich kann mir nur vorstellen, dass diese überaus ***heftige*** Reaktion auf dieses Gotteswort, das am Ende der Bergpredigt steht und sie eigentlich abschließt, nur aus dem ***Zusammenhang*** mit der Bergpredigt als ***Ganzer*** herrühren kann. Das muss man aber erst einmal verstehen. Denn was die Bergpredigt anbelangt, so hat ja vielleicht der eine oder andere manche schöne Bibelworte in Erinnerung. Anrührende Worte, die man eigentlich nur lieben kann: so doch etwa die Seligpreisungen mit ihrem unvergleichlichem Zuspruch: „Selig sind, die da geistlich arm sind; denn ihrer ist das Himmelreich." oder „Selig sind, die da Leid tragen; denn sie sollen getröstet werden." Das ist doch alles im besten Sinne ***tröstlich*** und ***baut uns auf***. Da muss man sich doch nicht ***entsetzen***. Und jeden Sonntag, da dürfen wir in der Kirche solche Worte aus der Bergpredigt hören, und ähnlich schöne Worte. Und dann dürfen wir auch schöne Musik hören, auch nette Leute treffen und manchmal sogar gemütlich zum Klönschnack beisammen bleiben.

Haben wir es uns auf diese Weise nicht wirklich nett eingerichtet? Haben wir uns auf diese Weise nicht gemütlich unser Lebenshaus aufgebaut? Haben wir es uns auf diese Weise nicht ***heimelich*** und ***verlässlich*** gemacht? Nein, von irgendwelchen ***Stürmen*** wollen wir gar nichts wissen. Die gucken wir uns nur in der Tagesschau oder in Krimis an. Und manchmal läuft einem dabei ein wohliges Gruseln über den Rücken.

Aber was ist, wenn es ***stimmen*** sollte, was da manche Bibelausleger ***auch*** sagen, dass nämlich Jesus uns, unserem Leben und den Fundamenten unseres Lebens, mit der Bergpredigt einen ***Spiegel*** vorhalten will, dem wir ***nicht ausweichen*** können? Das müsste jetzt eigentlich durch ein Verlesen der ganzen Bergpredigt deutlich gemacht werden. Aber das wäre jetzt zu umfangreich.

Aber schauen wir doch nur einmal auf diese ***tief*** in unser ***Herz*** zielende Worten der Bergpredigt, wie: „Wer mit seinem Bruder zürnt, der ist des ***Gerichts*** schuldig; wer aber zu seinem Bruder sagt: ***Du Narr***!, der ist des höllischen ***Feuers*** schuldig!" oder „Wer eine Frau ansieht, sie zu begehren, der ***hat schon*** mit ihr die Ehe gebrochen in seinem Herzen!" oder „Ihr sollt euch nicht Schätze sammeln auf Erden, wo sie die Motten und der Rost fressen und wo die Diebe einbrechen und stehlen. Sammelt euch aber ***Schätze im Himmel***!"

Allein an diesen Worten kann man sehen, wie Jesus uns in der Bergpredigt einen ***Spiegel*** vor hält, mit dem wir uns bis in den letzten Winkel unseres Herzens schauen können, bis in die tiefsten Tiefen unserer ***Lebensfundamente***, bis an die Grundsteine unseres Lebenshauses. Und wenn uns Jesus mit diesen Worten der Bergpredigt einen ***göttlichen Spiegel*** vorhält, dann will es aus uns ihm entgegentönen: „So ***bist*** du Mensch, so leicht ***zürnst*** du mit deinem Bruder, deiner Schwester oder anderen die, dir nahe stehen! Dabei stehst ***du selbst*** durch deine Unvollkommenheit und Schuld unter Gottes Zorn!" oder „So ***bist*** du Mensch, so leicht lässt du dich einfangen von ***Begierde*** und ***Schmeichelei***! Und merkst gar nicht, was du dadurch alles zerstörst vor Gott und den Menschen." oder „So ***bist*** du Mensch, so sehr willst du dich absichern mit Geld und Gut! Dabei bist du ***schuldig*** daran geworden, dass du das ***Ewige vergessen*** hast und die ***Not*** deines ***Nächsten***."

Und letzten Endes heißt das alles: „So ***bist*** du Mensch! So ***gottlos*** und ***gottverlassen*** hast du dein Lebenshaus auf ***Sand*** gebaut. Und so ***gottlos*** und ***gottverlassen*** wirst du darin jämmerlich ***zugrunde*** gehen, wenn es in den Stürmen des Lebens ***zusammenbrechen*** wird. Und wenn Tod, Angst und Schmerzen dich ***schütteln*** und ***würgen*** werden, dann wird es dir nicht helfen, was du dir bisher so nach ***eigenen*** Ideen über dein Leben zusammengereimt hast."

Ja, wenn man ***so etwas*** derartig auf den Kopf zugesagt bekommt, dann kann das einen ***wirklich entsetzen***, ***damals*** genauso wie ***heute***. Dann kann einem wirklich der ***Schreck*** in die Glieder fahren, ***damals*** genauso wie ***heute***.

Allerdings ist ***das*** denn nun ***alles***, was uns Christus in Vollmacht zu sagen hat, damals genauso wie heute? Unbestritten ist diese Offenlegung unserer Lebensfundamente ***wichtig***, aber sie ist ***nicht entscheidend***. Und dazu wäre auch gar nicht die Vollmacht Christi notwendig. Denn ich kann mir durchaus vorstellen, dass einen solchen tiefen Blick auf die Fundamente seines Lebens im Grunde jeder von uns sogar von ***allein*** tun könnte, wenn er in stiller Stunde einmal ehrlich über sein Leben ***Bilanz*** zieht. Ja, leider Gottes ***ist*** das so, dass es auf diese

Weise mancher durchaus allein schafft, sich über ***sich selbst*** zu entsetzen und sich sogar ***zugrunde*** zu richten.

Aber, wobei die Vollmacht Christi entscheidende Rolle spielt, das ist bei dem ersten Teil der Bergpredigt! ***Genau dort*** finden wir doch ***das***, was christliche Verkündigung zu ***froher*** Botschaft für uns macht: Denn Christus verachtet ***uns nicht***, obwohl er uns nur zu gut kennt mit unseren Fehlern und Selbsttäuschungen, mit unserer Sünde und Schuld. Nein, er lässt er uns nicht mit uns allein. Er lässt uns unser ***Gericht*** über unser Leben durch unsere Lebensweise nicht weiter ***selbst*** vollziehen. Er gebietet unserem selbstzerstörerischen Denken, Fühlen und Handeln ***Einhalt*** und öffnet unsere Ohren und Herzen. Ja, wir sind herausgerufen, um ***endlich, endlich*** seine Rede zu hören, um unser Lebenshaus endlich felsenhart darauf aufzubauen.

Wie das dann geht? Muss man dazu lange studieren, lange überlegen, nachdenken? Oder muss man vielleicht einen besonders teuren Einführungskurs buchen, wie bei den neueren populären Sekten wie etwa Scientology oder in Esoterik-Kursen? Denn was gut ist, das muss doch auch ***teuer*** sein!

Nein, liebe Gemeinde! Genauso, wie jeder von uns sein ganzes Leben nur ***empfangen*** konnte, ohne auch nur das Geringste dafür zahlen zu können, genauso will uns unser Herr Jesus Christus neues Leben ***schenken***: für jetzt, heute, und für die Ewigkeit! ***Das*** ist seine Vollmacht, die so groß ist, dass man nur ***freudig erschrecken*** kann. Denn was ich nun ***tun*** muss, das ist ganz ***einfach***: nämlich mit meinem ***ganzen Leben*** Gott über alle Dinge fürchten, lieben und vertrauen und meinen Nächsten lieben wie mich selbst. Das ist so ***einfach***, wie der Säugling eben den Mund aufmacht, um von seiner Mutter gestillt zu werden. Ja, so einfach bekommt er ***das***, was er zum Leben braucht.

Natürlich weiß ich, wie häufig sich in uns vieles sträubt, derart einfach von Gott ***alles zu erwarten***. Und wir ***sollen*** und ***wollen*** ja auch als gute Haushalter unsere Hände regen und etwas ***tun*** für uns und für unseren Nächsten. Aber wie sollen wir uns gewiss werden, dass auch alles ***gut*** wird, was wir tun? Letztlich gut wird doch nur das, was nach Gottes Gebot und im Vertrauen und Hoffnung auf ihn getan ist. Und von wem sollten wir sonst Gelingen und Bewahrung erhoffen, wenn nicht von Gott, dem Vater unseres Herrn Jesus Christus? Erst wenn dann diese tiefe Hoffnung das ***Fundament*** unseres Lebens ist, erst wenn wir durch diese tiefe Hoffnung unser Leben eingeschlossen fühlen in den Weg unseres Heilands Jesus Christus von Gott ***her*** und auf Gott ***zu***, ***dann*** steht unser Lebenshaus ***richtig*** und ***sturmfest***.

Und was dann die Stürme des Lebens anbelangt, so spüren wir sie gewiss nach wie vor. Aber wenn diese Stürme des Lebens etwa ***unsere Lieben*** wegzureißen drohen, dann können wir uns darauf verlassen, dass wir uns in unser Vertrauen zu Gott ausstrecken dürfen in der Gewissheit, dass ***er*** sie hält und dass sie bei ihm ***geborgen*** sind! Und wenn die Stürme des Lebens uns ***selbst*** wegzuspülen drohen, durch Traurigkeit und Einsamkeit, durch Enttäuschung und Schmerzen, dann können wir uns darauf verlassen, dass wir in unserem Vertrauen zu Gott uns von ihm auch im Sterben ***heben*** und ***tragen*** lassen dürfen. Nein, um die entscheidende Heilung und Vollendung unseres Lebens da brauchen wir ***nicht*** mehr zu ***kämpfen***. Es ist vergeblich, für die entscheidende Heilung und Vollendung unseres Lebens zu strampeln und zu krampfen. Denn da hat Christus alles für uns ***genug*** ausgekämpft.

Und er hat nicht nur geredet, dass es einem ***durch und durch*** geht, sondern er hat seinen Worten Taten der ***Befreiung*** folgen lassen. Weil er wusste, wie tief verstrickt wir in unsere Phantasien und Vorstellungen in unsere Zwänge und Notwendigkeiten sind, so dass uns keine Macht der Welt daraus befreien kann, darum hat ***er selbst*** sein Leben für uns gegeben und sein Blut vergossen, damit wir dann wirklich an Leib und Seele ***heil*** und ***erlöst*** sind, damit wir dann wirklich ***selig*** und ***froh*** sind, ***jetzt*** in unseren zeitlichen Lebenshaus und ***dann*** im ewigen Lebenshaus unseres Gottes.

Amen.

Predigt über Jer 29,1,4-7,10-14 zum 21. Sonntag nach Trinitatis[17]

Dies sind die Worte des Briefes, den der Prophet Jeremia von Jerusalem sandte an den Rest der Ältesten, die weggeführt waren, an die Priester und Propheten und an das ganze Volk, das Nebukadnezar von Jerusalem nach Babel weggeführt hatte…
So spricht der HERR Zebaoth, der Gott Israels, zu den Weggeführten, die ich von Jerusalem nach Babel habe wegführen lassen: Baut Häuser und wohnt darin; pflanzt Gärten und esst ihre Früchte; nehmt euch Frauen und zeugt Söhne und Töchter, nehmt für eure Söhne Frauen, und gebt eure Töchter Männern, dass sie Söhne und Töchter gebären; mehret euch dort, dass ihr nicht weniger werdet. Suchet der Stadt Bestes, dahin ich euch habe wegführen lassen, und betet für sie zum HERRN; denn wenn's ihr wohlgeht, so geht's auch euch wohl.
Denn so spricht der HERR: Wenn für Babel siebzig Jahre voll sind, so will ich euch heimsuchen und will mein gnädiges Wort an euch erfüllen, dass ich euch wieder an diesen Ort bringe.
Denn ich weiß wohl, was ich für Gedanken über euch habe, spricht der HERR: Gedanken des Friedens und nicht des Leides, dass ich euch gebe das Ende, des ihr wartet. Und ihr werdet mich anrufen und hingehen und mich bitten, und ich will euch erhören. Ihr werdet mich suchen und finden; denn wenn ihr mich von ganzem Herzen suchen werdet, so will ich mich von euch finden lassen, spricht der HERR, und will eure Gefangenschaft wenden und euch sammeln aus allen Völkern und von allen Orten, wohin ich euch verstoßen habe, spricht der HERR, und will euch wieder an diesen Ort bringen, von wo ich euch habe wegführen lassen.

Liebe Gemeinde,

damals vor 67 Jahren, da musste dieses Wort des Propheten Jeremia als ganz aktuell empfunden worden sein. Damals war es kurz nach dem verheerenden

Krieg, und da wussten Millionen und Abermillionen von Flüchtlingen und Vertriebenen wirklich genug vom Weggeführt-sein und vom Elend der Fremde.

Und was taten sie dann damals? Doch ganz selbstverständlich ***das***, wozu der Prophet damals die Heimatlosen in Gottes Namen aufforderte: Sie ***bauten*** Häuser, ***pflanzten*** Gärten, ***heirateten*** und bekamen ***Kinder*** und suchten das ***Beste*** der Stadt, des Landes und unserer Dörfer.

Aber nun ist das alles für uns bereits 67 Jahre her und die Kinder und Enkel der Weggeführten leben schon lange im Lande und vielen von ihnen geht es gut. Haben deshalb diese Worte des Propheten Jeremia unter uns heutigen nur noch ***Erinnerungswert***? Denn warum sollte sich wohl noch jemand, dem es gut geht im Lande, an alte Prophetenworte erinnern?

Aber nun ***ist*** es sicherlich nicht so, dass es ***allen*** bei uns im Lande gut geht. Aber davon abgesehen könnte es doch sein, dass etwas ganz ***anderes*** in einer grundsätzlichen Weise für Christenmenschen ein ganz eigenes Gewicht hat. Denn könnte es nicht sein, dass so etwas wie ein Sich-weggeführt-fühlen, wie ein Sich-fremd-fühlen im Lande, in das der Prophet hineinspricht, ***irgendwie immer*** zur christlichen Grundbefindlichkeit gehört? Könnte es tatsächlich nicht so sein, dass so etwas wie Sich-weggeführt-fühlen, oder dass alle Entwurzelung und das Gefühl, nicht dazuzugehören, ***schon immer*** zum Weg des Gottesvolkes in dieser gebrochenen und vergänglichen Welt ***gehörte*** und gehören ***muss***?

Und deshalb könnten hier doch etwa auch junge Menschen zu Wort kommen mit ihren ganz eigenen Gefühlen in ihrer Entwicklung zu bewussten Menschen. Kann und muss es da nicht sein, dass sich da ein ganz eigenes Fremdheitsgefühl einstellt, wenn ein Jugendlicher mit einem Male in seinem Reifungsprozess an Leib und Seele entdecken muss, wie man weggeführt ist aus aller Unbefangenheit und Naivität der Kinderzeit? Und sicherlich ist das ja für manchen so etwas wie eine Vertreibung aus dem Paradies, wie eine Vertreibung aus wohlvertrautem Lande, in eine ungeliebte, raue Wirklichkeit, in der mit einem Male unerbittlich Verantwortung eingefordert wird und einem Schuld vorgehalten wird.

Oder es könnte doch hier auch mancher Älterer zu Wort kommen, egal ob Einheimischer oder Flüchtling: denn was er immer deutlicher verspürt ist doch, wie ihm diese Welt fremd wird, weil sich alles wandelt, weil seine Kräfte nachlassen und alles immer hektischer wird.

Und überhaupt, wie schnell kann einem ***jeden*** von uns diese Welt fremd werden, sei es etwa durch Schmerzen oder Trauer oder durch Demütigungen und Versagen; so fremd, dass man diese Last am liebsten sofort abstoßen möchte! Ja, viele fühlen sich in dieser Welt sogar wie in einem ***Gefängnis***, aus dem man am liebsten entfliehen möchte. Oder man ***versucht*** ihr eben zu entfliehen, so z.B. als junge Menschen durch das populäre Abtauchen in ***Zwerchfell erbebende Musik***. Oder manche Ältere entfliehen eher in den Urlaub, in die ***Krankheit*** oder gar in ***Drogen***. -

Und was sagt nun der Prophet Jeremia zu solchen Versuchen, aller Fremdheit zu entfliehen? Er ruft zu einem ***Umdenken*** und ***Umfühlen*** auf. ***Das*** ist die Botschaft dieses Gottesmannes an das damalige in Babylon gefangene Gottesvolk genauso wie an ***uns*** in unseren gegenwärtigen Verstrickungen - ***Es ist Ermutigung!*** Er will uns ***Mut*** machen, dass wir uns von den Unvollkommenheiten dieser Welt ***nicht überwältigen lassen sollten***, ***dass wir nicht flüchten***, sondern ***standhalten*** und dass wir uns ***nicht*** gehenlassen. Und darum sagt er auch zu uns: ***„Suchet der Stadt Bestes***".

Wohlgemerkt, Jeremia wendet sich dabei in Gottes Namen nicht an die Starken und die Gewinner, nicht an die Sieger und Umjubelten, sondern an die ***Leidgeprüften*** und ***Trauernden.*** Und vielleicht würde dieser Ruf in heutigem Deutsch ***so*** klingen: „In Gottes Namen sollt ihr ***nicht*** flüchten aus allen Problemen und Leidenserfahrungen. Ihr sollt euch ***nicht*** resigniert nachts die Decke über den Kopf ziehen, oder in Selbstmitleid zerfließen, sondern ihr sollt die Dinge dieser Welt ***anpacken*** und das ***Beste suchen***!"

„Suchet der Stadt Bestes" will sich übrigens auch gegen solche Denkweise wenden, nach der es heißt: „Hier sind ***wir***, die kleine Schar der Leidtragenden, aber auch der Gerechten und Sündlosen und da draußen tobt die ***böse*** Welt, aus der wir fliehen und mit der wir ja ***nichts*** zu tun haben wollen".

Sondern beim „Suchet der Stadt Bestes" geht es um ***Mitgestaltung*** dieser ***einen*** Welt. Und das nicht nur in billigen Sonntagsreden sondern ganz konkret im

Alltag, in Stadt und Land. Und beim „Suchet der Stadt Bestes“ geht es auch ganz persönliches Engagement im Freundeskreis, ja, bis hin zur ***Familiengründung***. Insgesamt geht es um Mitgestaltung dieser Welt, die auch in der uns abgekehrten Seite Gottes gute Schöpfung bleibt.

So, lieber Jeremia, vielleicht haben wir jetzt den Auftrag, den Du uns in Gottes Namen ausrichten sollst, ***verstanden***. Aber jetzt müssen wir doch auch darauf schauen, was Du uns noch ***weiter*** zu diesem Auftrag sagst. Was ***heißt*** das eigentlich, wenn Du uns in Gottes Namen nicht nur dieses „Suchet der Stadt Bestes“ sagst, sondern: „Suchet der Stadt Bestes, dahin ***ich euch habe wegführen lassen***, und betet für sie zum HERRN“?

Das ist ein merkwürdiger Satz. Zu dem könnten doch wir als Nachgeborene, die wir auf die ganze Vorgeschichte des alten Gottesvolkes schauen, leicht so etwas sagen wie: „Gut, jetzt gibt es einen ermutigenden Auftrag. Aber eigentlich sind die Fakten doch klar: Die damals, die haben eben gesündigt und müssen jetzt dafür leiden unter Gefangenschaft und Fremdheit. So ist es eben nun einmal nach dem von Gott geordneten Gang der Dinge!“

Aber jetzt einmal abgesehen davon, dass solche Überlegungen nicht sehr mitfühlend klingen, könnte die eigentliche Botschaft dieses ergänzten Satzes des Propheten nicht etwas ganz ***anderes*** sein? Müsste das nicht in heutiger Ausdrucksweise bedeuten: Es gibt ***nichts*** in diesem Leben ***aus Zufall,*** sondern es steht ***alles,*** aber auch ***alles*** in Gottes Absicht! Ja, bei allem Guten für uns, da mögen wir das gern hören. Aber können wir das auch ertragen, wenn ebenso das Schlimme Gottes Absicht wäre? Natürlich wollen wir uns dagegen massiv sträuben. Ja, es finden sich ja sogar angesehene Theologen, die sagen, dass es nach Auschwitz keine Theologie mehr geben könne. Und tatsächlich: welcher Theologe, welcher Christ, ja überhaupt welcher Mensch, wollte sich wirklich hinstellen und jedem, der auf dieser Welt leidet und darum handlungsunfähig ist, sagen: „Das ist Gottes Wille, dass du leidest, hör' auf zu jammern, sondern pack' gefälligst an zum Besten der Stadt, des Landes, der Welt“. Nein, solche Gedanken kann man hier nicht zu Ende denken.

Jedoch, was hier das Denken anbelangt, so rührt sich hier etwas, was sich jetzt an dieser Stelle mächtig über alles menschliche Denken schieben will, und das ist der ***zweite*** Teil des Wortes, das uns der Prophet in Gottes Namen sagt: „Denn ich weiß wohl, was ich für Gedanken über euch habe, spricht der HERR: Gedanken des Friedens und nicht des Leides, dass ich euch gebe das Ende, des ihr wartet“.

Aber wie sollte ***ein*** Mensch das verstehen? Schaut man mit offenen Augen in die Welt, dann sieht man doch soviel Leid und Demütigung, dass man sich eben am liebsten selbst aus dieser Welt herauskatapultieren möchte. Und dann soll das alles nach Gottes Gedanken nur dem ***Frieden*** dienen? Das ist und bleibt doch für menschliches Denken ***unvorstellbar***. Und wir Menschen stehen eben da, so wie wir sind, in Schmerzen und Trauer, in Sorgen und Wehmut und fragen und rätseln. –

Ja, wie sollten die ***Friedensgedanken Gottes*** zu enträtseln, zu erkennen sein? Wie sollte der Satz, dass Gott eben ***andere*** Gedanken und ***andere*** Wege hat als wir, glaubhaft nachbuchstabiert werden?

Jetzt aber kommt das ***Aufregende,*** ja ***Umwerfende*** an diesem Gotteswort. Jetzt kommt das ***Evangelium***, die Frohe Botschaft, um die es ***eigentlich*** bei der Predigt geht: Denn Gott ***lässt uns wissen***, wie er denkt! Denn Gott lässt uns ***wissen***, ***wie*** er sich ***finden*** und ***bewegen*** lassen will! Denn, so ruft uns doch der Prophet in Gottes Namen zu: „Und ihr werdet mich anrufen und hingehen und mich bitten, und ***ich will euch erhören***. Ihr werdet mich ***suchen und finden***; denn wenn ihr mich von ***ganzem Herzen suchen werdet***, so will ich mich von ***euch finden lassen***, spricht der HERR“. ***Was ist das für eine Zusage!*** Da kann man doch nur ***staunen*** und ***dankbar*** sein! Denn nun ***wissen*** wir endlich, was wir im Chaos dieser Welt zu tun haben: Eben Gott von ***ganzem Herzen suchen*** und ***dann werden wir erhört***. Eben so, wie es uns Christus in der Bergpredigt sagt: „Trachtet zuerst nach dem Reich Gottes und seiner Gerechtigkeit, so wird euch das alles zufallen“(Mt 6,33).

Ja, was würde alles ***anders*** in unserem Staat und unserer Gesellschaft und in unserem ganzen Leben, wenn man wirklich Gott ***von ganzem Herzen suchen*** würde. Dann müsste doch auf der Suche nach dem Besten der Stadt und des Landes alles ***unterbleiben*** an grämlicher Kleinkrämerei oder Verächtlichmachung des politischen Gegners. Und wenn wir persönlich wirklich Gott von ganzem Herzen suchen würden, dann müsste doch ***ganz von selbst*** ein ganz neues Denken und Empfinden bei uns in Leib und Seele einziehen, trotz mancher Leiden und Fremdheitsgefühle. Ja, was würde mit unseren vielen Fragen und unserem Widerstand gegen Gottes Willen und gegen diese unvollkommene Welt, wenn wir uns wirklich einmal trauten zu ***glauben***?

Wenn wir uns wirklich trauten zu glauben, dass in unserem Leben nichts aus Zufall geschieht, sondern dass es irgendwie eingebunden ist in Gottes Heilsplan, in Gottes Heilsplan für ***diese Welt*** und in Gottes Heilsplan für einen ***jeden von uns***. In einem bestimmten zeitlichen Rahmen, nachdem alles ein ***Maß*** und ein ***Ende*** hat: Diese Welt, unser Leben, aber auch unser Kämpfen und Suchen. Müsste uns nicht ein solches vertrauensvolles Gottsuchen tatsächlich ***verwandeln***? Müsste es nicht Krämpfe ***lösen***, neues Zutrauen schaffen und müde Hände erneut regen?

Dann würden sich ganz von selbst Hände regen zum Besten der ***Stadt***, zum Besten des ***Landes*** und zum Besten unseres ***Nächsten***. Aber auch Hände regen zum ***Beten***, zum Beten für diese Stadt, zum Beten für dieses Land und zum Beten für unseren Nächsten, ja, selbst für den, mit dem wir es schwer haben.

Gott, schenke uns um unseres Herrn Jesu Christi willen ein solches Suchen und Finden, ein solches Standhalten ohne zu flüchten, ein solches Schon-Heimgekommen-sein, trotz aller Fremdheit. Barmherziger Gott, schenke uns einfach Deine tröstliche stärkende Gegenwart jetzt und in Ewigkeit.

Amen.

Predigt über Mt 12,33-35
zum Buß- und Bettag 2011[18]

Jesus sprach zu den Pharisäern: Nehmt an, ein Baum ist gut, so wird auch seine Frucht gut sein; oder nehmt an, ein Baum ist faul, so wird auch seine Frucht faul sein. Denn an der Frucht erkennt man den Baum. Ihr Schlangenbrut, wie könnt ihr Gutes reden, die ihr böse seid? Wes das Herz voll ist, des geht der Mund über. Ein guter Mensch bringt Gutes hervor aus dem guten Schatz seines Herzens; und ein böser Mensch bringt Böses hervor aus seinem bösen Schatz.

Liebe Gemeinde!

Warum müssen wir uns denn heute am Buß- und Bettag 2011 mit solchen lästigen landwirtschaftlichen ***Banalitäten*** beschäftigen? Denn die wissen und kennen wir doch alle zur Genüge, wo wir doch die Herren dieser Welt sind und das alles gut im Griff haben. Banal, dass es da eben nun einmal gute Bäume gibt mit guten Früchten. Und dass es dann eben genauso schlechte Bäume mit schlechten Früchten gibt. Und genau so banal, was wir dann zu tun haben: Nämlich die schlechten Bäume mit schlechten Früchten gefälligst auszureißen und zu verbrennen oder auch zu zerkleinern und zu kompostieren. Nein, selbstverständlich wollen wir nur die guten Bäume mit den guten Früchten haben.

Aber halt! Was ist denn eigentlich „***gut***"? Aber bitte! Doch jetzt im Blick auf schlichte Obstbäume keine hochgestochenen Debatten! Denn wann sind wohl Früchte gut? Doch wenn wir sie ***genießen*** können, wenn wir sie ernten und am Markt verkaufen können, damit ***wir ein gutes Leben*** führen können.

Oh! Was ist uns da herausgerutscht? Damit wir ein „***gutes Leben***" führen können? Aber wann ***führen*** wir denn ein „gutes Leben"? Halt! Das sind doch alles nur Spitzfindigkeiten angesichts so bodenständiger Überlegungen! Ein gutes Leben führen wir doch, wenn wir genug zu ***essen*** und zu ***genießen*** haben. Das ***reicht*** doch! Oder?!

Liebe Gemeinde!

Wir alle wissen, wie viele Menschen genau ***so*** über sich, ihr Leben und die Welt denken und damit so tun, als könnten sie zufrieden sein, wenn sie derart zwischen vollem Bauch und irgendwelchem Spaß hin und herpendeln, also letztlich wie das liebe Vieh.

Aber wer unter uns hat das noch nicht erlebt, wie häufig dann plötzlich - und selbstverständlich auch für die, die derart viechisch leben -, etwa durch Krisen, Schmerzen oder Trauer so etwas wie ein ***Erwachen*** kommt. Ein großes, schmerzhaftes Erwachen, dass doch ein solches viechisches Leben für einen Menschen ***nicht alles*** gewesen sein kann! Ein großes, schmerzhaftes Erwachen dass doch Leben doch irgendwie ***mehr*** sein müsste! Ein großes, schmerzhaftes Erwachen, dass es eben wohl doch nicht ***ausreicht***, wenn wir genug zu essen und zu genießen haben. Und wenn dann unter Tränen und Schmerzen ganz von selbst aus der Seele der Aufschrei nach dem „***Warum***" allen aktuellen Elends kommt, dann gehört zu ihm die Besinnung auf den ***Sinn*** des ganzen Lebens, eben auf seine ***Bestimmung***, auf seinen ***Grund*** und seine ***Hoffnung***. Und wer wollte dann, in Krisen, Schmerzen oder Trauer, noch behaupten wollen, Herr der Welt zu sein, und alles im Griff zu haben. Und so oft kehrt dann ganz von selbst die Erinnerung wieder, dass wir als Menschen doch wohl ganz ***anders*** gemeint sind, als alle vergänglichen Tiere und Pflanzen, weshalb wir uns mit aller Kraft dagegen wehren, genau so selbstverständlich zu vergehen und einzugehen wie ein Kohlrabi im Winter.

Und mancher mag dann mit einem Male ***doch*** wieder gern etwas hören davon, dass dem Menschen als ***Ebenbild Gottes*** ganz ***anderes*** zugedacht ist als etwa dem Vieh und dem Gemüse. Und das könnte so tröstlich klingen. Ja, das könnte tröstlich klingen, wenn da nicht unsere ***eigene stahlharte*** Logik wäre. Denn, wenn man sich wirklich in den Gedanken hinein fallen lassen will, dass Gott als unser Schöpfer und Bewahrer uns über Vieh und Gemüse erheben und nicht einfach preisgeben will, dann muss man konsequenterweise diesen Gott als Schöpfer und seine Weisung an uns Menschen auch ***ernst*** nehmen. Und da sagt uns doch unsere Logik: Wenn der Herr der Welt und des ganzen Kosmos alles erschafft, Bäume wie Menschen, dann ist es auch zwingend, dass ***er*** allein ***gute Bäume*** mit ***guten Früchten*** haben will und genauso natürlich auch ***gute Men-***

schen, die als Frucht ihres Lebens ***seinen guten Willen*** tun und auf diese Weise ***Gutes*** hervorbringen aus dem guten Schatz ihres Herzens.

Und was könnten wir nach unserer Logik dann über alle die schlechten Bäume mit ihren schlechten Früchten denken? Doch, dass sie ***ausgerissen*** und ***verbrannt*** werden. Und müssten wir nach unserer Logik dann nicht auch über böse Menschen so denken, die nicht Gottes guten Willen tun, und müssten wir dann nicht ebenso nur erwarten, dass sie ausgerissen und verbrannt werden? So ist unsere Logik, wenn wir Gott als Schöpfer denken. Und sicherlich empfinden das manche unter uns als eine wirklich ***brutale*** Logik. Eine brutale Logik, die aber die Frage umso ***nachdrücklicher*** werden lässt, wozu ***wir*** denn nun gehören. Etwa zu denen, die ***schlimmer*** sind als das Vieh. Warum ***schlimmer*** als das Vieh? Weil das Vieh doch nichts anderes ***kann***, als nur zu fressen und zu rennen. Deshalb wird es dann ja auch sang- und klanglos verarbeitet und vergeht. Dagegen hätten Menschen doch als ***Ebenbild Gottes*** auch Gottes Wort und Weisung hören können, es aber nicht gewollt!

Oder hieße das jetzt auch, dass ich als normaler Durchschnittsmensch, der sich immer so durchs Leben durchlaviert, nun etwa zu denen gehören sollte, die Jesus als Schlangenbrut bezeichnet? Hieße das etwa jetzt auch, dass ich als Durchschnittsmensch ein ***böser*** Mensch bin, der nur Böses hervorbringen kann aus dem bösen Schatz meines Herzens? Immerhin stimmt es ja tatsächlich, dass ich immer tausend andere Dinge gedacht und gefühlt habe, als mich an das Gute zu halten, das mir Gott geboten hat, nämlich ***ihn*** zu lieben und meinen ***Nächsten*** wie mich ***selbst***!

Ja, es ist Sinn des Buß- und Bettags, sich hier ***Rechenschaft*** zu geben. Und genau darum noch einmal, nicht hochgestochen oder spitzfindig, sondern als Entscheidungsgrundlage zwischen viechischem Vergehen oder erfülltem Leben: ***Was*** ist eigentlich „***gut***"? Aber da hören wir es doch aus der Bibel immer wieder: Gottes Gebote halten, was ja auch erklärt wird mit „Gott zu lieben und meinen Nächsten wie mich selbst". Allein ***dann*** sind wir gut und bringen damit gute Früchte.

Nun wissen wir alle, dass die Frage, Gottes Gebote zu halten, vor Zeiten sehr sorgfältig beachtet wurde. Da wurden viele Regeln und Gesetze geschaffen, um so das Gute abzusichern. Und so ein paar Regeln und Gesetze einzuhalten, das sollte man doch schaffen und das sollte man doch auch von einem anständigen Menschen erwarten können. Aber wir sind lebenserfahren genug, um gesehen zu haben, dass etwa so manche Leute Regeln und Gesetze einhalten können, weil sie das nötige Geld dazu haben oder dazu ausgebildet sind, aber andere können das einfach nicht. Und wir haben auch gesehen, dass manche Regeln und Gesetze schlimm und knechtend sein können, so dass das niemals nach dem Willen Gottes sein könnte.

Wenn also Regeln und Gesetze nicht immer eindeutig den Willen Gottes wiedergeben können, und wenn aber Gottes Gebote halten, viel mehr heißt, ihn, unseren Gott, zu lieben, da wird die Frage ganz entscheidend: ***Wie ist das*** mit meiner Liebe zu ***Gott***? Aber bitte nicht nur, wenn ich in Schmerzen und Krankheit zappele, sondern in meinem konkreten Alltag? Wenn man jemanden liebt, denkt und fühlt man ***mit ihm*** und ***für ihn*** den ganzen Tag lang. Aber denke und fühle ich denn ***so*** mit unserem Gott? ***Rechne*** ich überhaupt mit ihm? Traue ich ihm überhaupt zu, nicht nur der Herr über ***mich*** und meinen ***Tagesablauf*** zu sein, sondern über den ***ganzen Kosmos***? Denke und fühle ich so mit unserem Gott, dass auch ganz sicher bin, dass er mich ***so*** liebt, dass er ***alles*** in meinem Leben ***lenkt*** und ***fügt*** und so mein Leben reich und schön machen will, selbst wenn es manchmal völlig anders aussieht?

Aber jetzt wirklich Hand aufs Herz! Wo stehen wir da? Bei wem unter uns ist jetzt nicht ein Schuld-Bekenntnis fällig? Ja, das ist unsere Schuld, dass wir als normale Durchschnittsmenschen eben ***nicht*** Gott über alle Dinge gefürchtet, geliebt und vertraut haben. Und das ***sind Tatsachen***! Da müssen wir in den Spiegel schauen und nach eigener Logik bekennen: ***Das bin ich***, genau ***ich***, der nur als ***schlechter*** Baum seines Schöpfers zu begreifen ist und der nur mit seinen schlechten Früchten erwarten kann, ***ausgerissen*** und ***verbrannt*** zu werden. ***Ende*** mit ***Schrecken***! ***Aus***!

Aber Gott sei Dank, ist diese Selbsterkenntnis am Buß- und Bettag 2011 nicht Gottes ***letztes*** Wort über uns. Sondern sein letztes Wort ist - ***Christus***! Und deshalb dürfen wir es wagen, uns als Christen zu bezeichnen. Wir dürfen es wagen, Christus überzuziehen, etwa wie einen Schutzanzug, an dem alles Übel von uns abprallt, auch das, das wir uns selbst an den Hals geholt haben. Wir dürfen so mutig sein, obwohl wir genau so sind, wie wir sind, und uns in Christus und seine Liebe zu uns hineinfallen zu lassen. Denn wenn wir ihm ***so glauben***, und damit Gott lieben und damit Gott die Ehre geben, dann sind wir ***gerettet***. ***Das*** ist Gottes letztes Wort über uns und unser gedankenloses Leben. Und dann will auch Gottes Liebe durch uns hindurch strahlen weit in die Welt hinein und in andere Menschen und in den ganzen Kosmos! ***Gott sei Dank***!

Amen.

Predigt über Ps 37,5
zum 12. Sonntag nach Trinitatis[19]

Befiehl dem HERRN deine Wege und hoffe auf ihn, er wird's wohlmachen.

Liebe Gemeinde!

Warum sprechen uns eigentlich Oldtimer besonders an? Dass kann ja nicht an der hohen ***PS-Zahl*** liegen. Denn da hat heutzutage fast jeder Kleinwagen mehr. Es kann ja auch nicht die ***Bequemlichkeit*** sein. Da hat man es heute in fast jedem Durchschnittsauto deutlich angenehmer. Und was die Windschnittigkeit anbelangt, da hat man heute meist viel windschlüpfrigere Formen. Aber was spricht uns ***trotzdem*** an Oldtimern an? Ob es vielleicht das ***Alter*** ist, ob es eben die ***Geschichte*** ist, die man ihnen ansieht, die Geschichte der ***Bewegung*** und ***Fortbewegung*** in unserem ganzen Zeitalter, die uns irgendwie anrührt?

Allerdings, wenn es ***darum*** gehen sollte, sich durch Bewegung und Fortbewegung ansprechen zu lassen, dann hat das Volk Gottes ***viel Erfahrung***. Aus dem Grunde erschien es uns, als die Bürgermeisterin und ich diesen Gottesdienst vorbesprachen, ganz plausibel, dass damit eigentlich die Themen Fahren – Erfahrung – Bewahrung gemeint seien. Und mir fiel dann dazu natürlich dieses berühmte Wort aus dem 37. Psalm ein: Befiehl dem HERRN deine Wege und hoffe auf ihn, er wird's wohlmachen.

Ja, liebe Gemeinde, ***Wege*** zu gehen oder zu fahren, das gehört offensichtlich zum menschlichen Leben dazu. Nein, wir sind nicht an einem Ort festgewachsen wie andere Formen des Lebendigen wie etwa ein Baum oder eine Seeanemone. Sondern Bewegung gehört zu unserem Leben. Und das seit Urzeiten. Und was das Wort „Erfahrung" anbelangt, so sagt es uns, dass dabei offenbar Erfahrung durch Fahren gewonnen wird.

Allerdings was im Vergleich zu den Urzeiten neu ist, das ist die ***Geschwindigkeit***, mit der wir uns bewegen, mit der wir eben ***fahren*** auf Wegen, Straßen oder auch wie es heutzutage auch heißt „offroad". Ich glaube, wir alle ***genießen*** es auch, uns flott bewegen zu können und etwa an unsere beliebte Ostsee nicht zu Pferde einen Tag zu brauchen, sondern mit dem Auto eineinhalb Stunden. Das ist großartig und ***bereichert*** unser Leben. Und manchmal da gibt es ja Sommertage, an denen man das Dach des Cabriolets gern zurück klappt, sich der strahlenden ***Sommersonne*** und dem angenehm kühlenden Fahrwind aussetzt und so die Reise an die See oder in die Berge mit vollem Herzen genießt: ***Gott sei Dank*** für so etwas ***Schönes***. Ja, wir haben von Herzen zu ***danken*** für flotte Bewegung.

Aber wir haben nicht nur für flotte Bewegung in Urlaub und Freizeit zu danken, sondern auch dafür, dass wir dank flotter Bewegung und freien und guten Wegen und Straßen immer ***frische Milch***, ***frisches*** Brot und Fleisch und viele, viele andere Produkte von weither bekommen können. Aber auch, dass unsere Wirtschaft viele bei uns hergestellte Waren in ***alle Welt*** befördern kann. Und aufgrund dieser flotte Bewegung geht es uns im internationalen Vergleich ***wirklich gut***. ***Gott sei Dank***! Und noch etwas. Nicht nur, wenn wir fahren, wissen wir das, sondern generell wissen wir, dass zum Leben Unglück und Unfall, Krankheit und Schwäche gehört. Wer wollte jetzt nicht dafür dankbar sein, dass wir aufgrund flotter Bewegung ***schnell*** mit dem Krankenwagen ins Krankenhaus kommen können oder dass die Feuerwehr mit ihren Feuerwehrwagen ***flott*** am Brandherd oder Unfallort sein kann, um zu ***helfen***, zu ***löschen*** oder zu ***bergen***, also letztlich Menschen zu bewahren. Und das ist gut so! Hier in Gottes Namen einen herzlichen Dank an alle Feuerwehrleute, alle Rettungsfahrer!

Übrigens genau so schnell kann natürlich die ***Polizei*** da sein, wenn Not am Mann ist oder wenn Übeltäter verjagt und dingfest gemacht werden müssen. Darum in Gottes Namen einen genauso herzlichen Dank an alle ***Polizisten***!

Ja, wenn wir auf diese Weise angesichts einer Oldtimer-Ausstellung auf das ***Fahren*** in unserer Zeit schauen, und welche ***Erfahrung*** wir dabei machen, dann gibt es unzweifelhaft viel ***Gutes*** zu benennen. Und dennoch ist es so, wenn wir realistisch in unsere so bewegte und befahrene Welt schauen, dass es dann da auch Aspekte gibt, die uns das Herz schwer machen können.

Das Wort „Erfahrung“ sagt uns nicht nur, dass beim Fahren Erfahrung gewonnen wird, sondern das Wort „***Gefahr***“ hat hier auch seinen Ursprung. Ja, offensichtlich gehört zum Fahren auch ***Gefahr.*** Und hat nicht jeder von uns Autofahrern schon die eine oder andere gefährliche Situation erlebt, wo wir knapp einem Unfall oder sogar tödlichen Unfall entgangen sind? Nein, es sind eben nicht nur leichtsinnige Motorradfahrer, die aufgrund überhöhter Geschwindigkeit aus der Kurve getragen werden und denen dann ihre allzu schnelles Fahren ihr Leben kostet. Es kann genauso gut die ganz vorsichtig und behutsam fahrende Mutter zweier Kinder sein, der mit einem Male die Vorfahr genommen wird und die dann von einem Lastwagen zu Tode gequetscht wird. Ja, wir müssen es auch beklagen, dass selbst auf ihrer Fahrt zum Einsatz Feuerwehrleute tödlich verunglücken, so wie jetzt in Wedel oder in Hamburg. Auch alle diese Bilder unserer bewegten Welt haben wir vor uns. Sie gehören mit zu unserer Erfahrung. Die jährlich ca 4.000 Verkehrstoten und die noch viel mehr Verletzten auf unseren Straßen, die gehören mit zu unserem modernen Leben. Das ist schmerzhaft. Und da ist es eine ***gute*** Aufgabe der Nächstenliebe, wenn sich da Christenmenschen in den Rettungsdiensten engagieren. Und es ist eine selbstverständliche Aufgabe der Christenheit, alle Toten und Verletzten in die Fürbitte mit aufzunehmen. Und dennoch bleibt da ein bitterer Nachgeschmack. Und ich kenne Menschen, die sich aus diesem Grunde ***weigern***, sich an das Steuer einer Autos zu setzen und zu fahren.

Doch kann man heutzutage mit einer solchen Verweigerung wirklich leben? Ich weiß, es gibt den einen oder anderen, der sich aus dieser Kultur verabschieden und irgendwo als Einsiedler leben will. Das könnte vielleicht respektabel sein. Aber es sind nur wenige. Dennoch ***gibt*** es sie. Die Frage ist nur: Hat uns Gott so als Einsiedler gewollt? Das kann ich mir nicht vorstellen.

Insofern gibt es gute Gründe dafür, trotz aller Gefahr beim Fahren in Bewegung zu bleiben. Denn offenbar gibt es grundsätzlich kein Leben ohne Gefahr und die letzte Verfügungsmacht über unser Leben liegt nicht in ***unseren*** Händen, sondern in ***Gottes*** Händen. Und das gilt, egal ob wir fahren oder ob wir stehen. Auch der, der bei Wind an einem Haus ***steht***, kann durch einen herabfallenden Ziegel sein Leben verlieren. Oder wer am 11. September 2001 zufällig auf dem World Trade Center stand, konnte ohne alles Fahren sein Leben verlieren. Darum bleibt das Entscheidende, das die Christenheit schon immer wusste, nämlich Gott für unser Leben um Bewahrung zu bitten, ob wir nun stehen oder fahren, aber ganz bestimmt beim Fahren. Eben ganz ***bestimmt*** beim Fahren, weil Fahren ***immer gefährlich*** ist und ein Auto immer - wie die Gerichte sagen – ***immer*** ein ***gefährlicher Gegenstand*** ist. Deshalb folgt aus dieser nüchternen Erfahrung schlicht ***Verantwortung***. Ja, wer weiß, dass Fahren immer gefährlich ist und ein Auto immer ein gefährlicher Gegenstand, der wird ***verantwortungsbewusst*** und ***vorsichtig*** fahren – nicht nur zum eigenen Schutz, sondern in ***Verantwortung vor Gott***, also um durch vorsichtiges Fahren letztlich ***Gott die Ehre*** zu geben. Und das ist nicht fromm, sondern eben ganz ***realistisch*** und nimmt einfach unsere ganze Erfahrung auf.

Und wer so ganz realistisch ist und unsere Erfahrung aufnimmt, der weiß eben auch, dass es gute Gründe dafür gibt, beim Antritt jeder größeren Fahrt, unseren Gott um ***Bewahrung*** zu bitten. Das müssen ja keine langen Litaneien sein. Aber warum sollte man nicht beim Antritt einer größeren Fahrt einen Moment innehalten können die Hände falten und kurz Gott bitten: „Lieber Gott, bitte bewahre mich und alle anderen während dieser Fahrt“. Vielleicht fällt auch jemandem diesen Psalmwort aus Ps 37,5 ein: Befiehl dem HERRN deine Wege und hoffe auf ihn, er wird's wohlmachen.

Und gibt es nicht genauso gute Gründe dafür, beim ***Ende*** jeder größeren Fahrt, einen Moment innezuhalten, die Hände zu falten und kurz Gott zu danken: „Lieber Gott, ich danke Dir, dass Du mich und alle anderen während dieser Fahrt bewahrt hast!“ „Du hast es ***wohl*** gemacht!“

Und wenn man das alles so bedenkt, dann hätten wir eigentlich in diesen Tagen einen ausgesprochen guten Grund, unseren Gott für Bewahrung zu danken. Welchen? Ja, wir leben in einer verrückten Welt, in der sich alles um neue i-phones oder um neue Kleidung dreht und nicht um ***wirklich Wichtiges***. Denn in den Tagen, in denen diese oldtimer auf unseren Straßen fuhren (1971), da wurden jedes Jahr im Straßenverkehr mehr als 21.000 Menschen getötet. Was für ein ***Leid*** und ***Elend***! Aber heute, da müssen wir nur noch weniger als 4.000 Verkehrsopfer beklagen. Wenn diese ***Verringerung*** von Leid und Elend nicht ein Grund zu ***Lob*** und ***Dank*** sind!

Was ist das für eine verrückte Welt, in der solche ***wichtigen*** Nachrichten kaum vermittelt werden und damit auch nicht der Grund zu Lob und Dank an unseren Gott für Schutz und Bewahrung, aber auch an Dank für alle, die sich in unserem Verkehr für Schutz und Bewahrung, Rettung und Bergung engagieren, Polizei, Feuerwehr, THW Verkehrswacht u.v.a.m.! Damit tun sie uns alle einen guten Dienst der Nächstenliebe und geben Gott die Ehre! Nicht umsonst heißt ja das Motto der Feuerwehr: „Gott zur Ehr, dem Nächsten zur Wehr!"

Wenn wir also darum in unserem Leben ***letztlich*** entdecken und uns darauf verlassen können, dass unser Gott uns auf allen unseren Wegen behütet, auf allen Fahrten bewahrt, dann können wir ein ***reiches, dankbares*** und ***erfülltes*** Leben führen, erst jetzt in unser ***Gegenwart*** und dann bis in alle ***Ewigkeit***.

Amen.

Predigt über Lk 12,42–48 zum Ewigkeitssonntag[20]

Der Herr aber sprach: Wer ist denn der treue und kluge Verwalter, den der Herr über seine Leute setzt, damit er ihnen zur rechten Zeit gibt, was ihnen zusteht? Selig ist der Knecht, den sein Herr, wenn er kommt, das tun sieht. Wahrlich, ich sage euch: Er wird ihn über alle seine Güter setzen.
Wenn aber jener Knecht in seinem Herzen sagt: Mein Herr kommt noch lange nicht, und fängt an, die Knechte und Mägde zu schlagen, auch zu essen und zu trinken und sich voll zu saufen, dann wird der Herr dieses Knechtes kommen an einem Tage, an dem er's nicht erwartet, und zu einer Stunde, die er nicht kennt, und wird ihn in Stücke hauen lassen und wird ihm sein Teil geben bei den Ungläubigen.
Der Knecht aber, der den Willen seines Herrn kennt, hat aber nichts vorbereitet noch nach seinem Willen getan, der wird viel Schläge erleiden müssen. Wer ihn aber nicht kennt und getan hat, was Schläge verdient, wird wenig Schläge erleiden. Denn wem viel gegeben ist, bei dem wird man viel suchen; und wem viel anvertraut ist, von dem wird man umso mehr fordern.

Liebe Gemeinde!

In den heutigen Kalendern, da findet man meist gar nicht mehr verzeichnet, dass heute der letzte Sonntag im Kirchenjahr ist, und damit der Ewigkeitssonntag oder auch Totensonntag. Aber wenn auch in der Tagesordnung der heutigen verwirrten Welt und im Zeittakt unseres hektischen Alltagslebens dieser Sonntag und sein Anliegen keinen Ort mehr zu haben scheint, so mag hier Besinnung umso wichtiger sein. Denn verwirrte Zeitalter kommen und gehen wieder. Aber seit Menschengedenken hat man - weil dieser Sonntag der letzte im Kirchenjahr ist, und damit ein unübersehbares Zeichen für das zeitliche Ende ist - am heutigen Sonntag überhaupt das ***Ende*** vor Augen, das Ende aller Lieben, das eigene Ende und auch das Ende der ganzen Welt.

Es hat daher gute Gründe, dass es in vielen Kirchengemeinden Brauch ist, am heutigen Sonntag die Namen derjenigen zu verlesen, die im Laufe des Jahres verstorben sind, um sie in die Fürbitte einzuschließen. Und was man damit eigentlich tut, ist doch, dass man sich auf diese Weise an die Seite unserer Verstorbenen stellt, auf deren Ende schaut und eben auf das Ende der Welt schaut und auch auf das Ende der Welt wartet.

Sieht man da aber nun auf den heute verordnete Predigttext, so ist der auf den ersten Blick irgendwie irritierend. Denn wo ist da von Tod und Trauer die Rede? Nirgends! Denn wo ist da von einem würdigen Gedenken der uns Vorangegangenen die Rede? Nirgends! Und da ist auch kein Wort von Abschied und Schmerz, die uns heute so bewegen. Auch kein Wort von Sehnsucht und nachgetragener Liebe. Vielmehr klingt es vielleicht sogar etwas grob und wenig einfühlend, wenn da von einem getreuen oder ungetreuen Verwalter die Rede ist. Bitte nichts gegen Verwalter und Verwaltung jeglicher Art, aber das alles kann doch heute überhaupt nicht unser Thema sein. - Oder etwa in verborgener Weise doch?

Denn wenn wir jetzt in schmerzlicher Verbundenheit mit unseren Verstorbenen auf deren Ende schauen und auf das Ende der Welt schauen und auf das Ende der Welt warten, dann ist es offenbar nicht gleichgültig, ***wie*** wir nun auf das Ende der Welt warten. Offenbar ist es überhaupt nicht gleichgültig, ***wie*** wir leben. Und dazu heißt es im Lukasevangelium einige Zeilen vorher, bevor unser Predigttext einsetzt: „Lasst eure Lenden umgürtet sein und eure Lichter brennen und seid gleich den Menschen, die auf ihren Herrn warten, wann er aufbrechen wird von der Hochzeit, damit, wenn er kommt und anklopft, sie ihm sogleich auftun.“ (Lk 12, 35-36)

Wenn man das so richtig hören kann, was ist das für eine Botschaft! Ja, das ist eine unglaubliche Botschaft, die alles verändern will! Denn Jesus gibt uns da für den heutigen Tag überhaupt nicht das Thema Abschied und Schmerz, Tod und Trauer vor, sondern das Thema ***Wachsein*** und ***Warten*** bis alles vollendet ist! Nein, aus der Perspektive Jesu, aus der Perspektive der Ewigkeit Gottes, da kommt gar nicht erst so ein Gedanke auf, dass mit dem Tod ein grausamer endgültiger Schnitt durch unser Leben, durch das Leben unserer Lieben und durch die ganze Welt geht, sondern es geht allein um Wartezeiten. Die Perspektive der

Ewigkeit durchbricht unser übliches Zeitbewusstsein, reißt unser Denken und Fühlen herum, und will uns eben mit der Gewissheit erfüllen, dass es für unsere lieben Toten und für uns allein darum geht zu warten. Und es ***kann*** und ***muss*** eben allein um Wartezeiten gehen, weil in gewisser, abgemessener Zeit der Herr ***kommt*** und alles ***vollendet***! Und weil das so ist, geht auch solange nichts verloren, ist auch nichts vergeblich oder umsonst, was wir tun und geht auch keiner verloren! Ja, mit ***Gewissheit*** kommt der Herr am Ende aller Zeiten und wird auf einen jeden und dessen Leben, Denken, Fühlen und Hoffen schauen und alles vollenden, und dabei wird seine Gnade und Barmherzigkeit größer sein als alles, was wir uns vorstellen können.

Was ist ***das*** für ein ***Trost*** für unsere Seelen! Und weil diese Perspektive für das Leben unserer Toten und für unser Leben so ganz anders ist als unser Alltagsdenken, ***kann*** sie eben auch alles verändern. Und sie ***kann*** alle Tränen abwischen, die uns der Abschiedsschmerz gebracht haben. Und wenn wir nun diese ganz andere Perspektive an unsere verwundeten Seelen heranlassen, dann ***kann*** sie uns auch wieder Mut und Kraft geben, die Augen zu erheben und um uns und in die Welt zu schauen. Diese ganz andere Perspektive der Ewigkeit und der Vollendung, kann eben Mut und Kraft geben, wieder durch den Tränenschleier hindurch zu schauen und unseren Gedanken wieder freies Spiel zu geben.

Und vielleicht kommt uns dann die Frage in den Sinn, wie das denn nun zugehen solle, wenn wir nicht mehr trauern müssen, sondern allein ***warten*** dürfen. Aber genau hier hilft uns Jesus, in dem er uns in seinem Gleichnis eine typische Warte-Situation vor Augen stellt. Und dabei gilt wohl für jede Warte-Situation, dass es nicht gleichgültig ist, ***wie*** man wartet. Und so wird es keineswegs egal sein, ***wie*** wir nun auf das Ende und auf die Vollendung der Welt warten.

Aber wer unter uns kennt da nicht genügend Zeitgenossen, die nicht nur in ihrem Herzen sagen: „Mein Herr kommt noch lange nicht", sondern sich konkret egoistisch und brutal verhalten in dieser Zwischenzeit zu Lasten ihrer Mitmenschen und zu Lasten der ganzen Schöpfung.

Allerdings sagen heutzutage viele noch nicht einmal „Mein Herr kommt noch lange nicht", weil ihnen solche Vorstellung völlig fremd ist. Dagegen sagen sie häufiger, dass es ihnen völlig egal ist, ob es ein Ende oder eine Vollendung der Welt gibt oder nicht, oder ob der Herr über den Kosmos kommt oder auch nicht. Und da ist es noch relativ harmlos, wenn ein solcher Mensch anfängt, die Knechte und Mägde zu schlagen, oder auch zu essen und zu trinken und sich voll zu saufen. Das erleben wir eigentlich jeden Tag. Und manchmal können wir dabei sogar hören, dass es ihnen egal wäre, wenn es da eine letzte Stunde gäbe, und es eine Stunde der Verantwortung gäbe, wo es dann tatsächlich ein Ende mit Schrecken gibt.

Aber ***halt***! Mögen solche Leute sagen, was sie wollen. ***Ich glaube ihnen nicht***. Und ich mag auch nicht darüber nachdenken, welche üble Konsequenzen solches Reden und Handeln für sie und ihre Seele hat.

Für mich ist viel wichtiger, mich und sie daran zu erinnern, dass sie alle ***Menschen*** sind auf dieser Welt. Dass sie alle von einer Mutter geboren sind. Dass sie alle Menschen hatten, von denen sie geliebt wurden und die sie geliebt haben. Und weil Liebe mehr ist als der Tod, deshalb wäre es für einen bewussten Menschen ***unerträglich***, alles Geliebte plump als irdisch vergänglich zu verachten. Gewiss kann es sein, dass gegenwärtiger Genuss oder gegenwärtige Bequemlichkeit alles tiefere Gefühl für eine gewisse Zeit überdeckt, aber ***Leben*** und ***Liebe*** gehören nun einmal ***zusammen*** und genauso will Liebe alle Zeitschranken durchbrechen und letztlich ***auf Ewigkeit zielen***. Vielleicht müssen einem darum Menschen, die diese Zeit des Wartens missbrauchen und Übles tun, eher ***Leid*** tun. Denn offensichtlich ist ihr Leben leer und ausgebrannt, weil es ohne Perspektive ist.

Dagegen war für die Christenheit die Zeit des Wartens immer eine ***erfüllte*** Zeit. Wodurch erfüllt? Doch bereits von dem, was ***kommt***! Doch bereits von ***dem***, ***der*** kommt! Denn wenn man sich sicher ist, dass in gewisser Zeit der Herr kommt und alles vollendet, und dass damit auch vollendete Liebe, vollendetes Verständnis und vollendetes Gefühl alles umschließt, dann will davon doch schon etwas ***anklingen*** in der gegenwärtigen Wartezeit, und dann lässt sich meist doch schon ein klein wenig davon fühlen! Und wie sollte man dann bösartig gegenüber anderen sein können, wenn man sich wohl fühlt und wenn man so bald damit rechnen kann, von Gottes unendlicher Liebe erfüllt und durchströmt zu sein? Viel selbstverständlicher wäre es dann doch, ganz sorgsam und treu seine aufgetragenen Dienste auszuüben, um damit dem Herrn erkennbar die Ehre zu geben, der kommt. Und er ***kommt*** - für den einen sehr bald, für den anderen etwas später. Aber das sind irgendwie Spitzfindigkeiten allein nach menschlichen Maßstäben, die vor Gottes großartiger Perspektive der Ewigkeit ohne Belang sind.

Vielmehr ist es eben ganz sicher, dass der Herr am Ende aller Zeiten kommt. Und wenn es dabei gesagt wird, er kommt zum Gericht, so heißt das für diejenigen, die sich ihm anvertrauen und auf ihn hoffen, er kommt zu ***Erfüllung***, zur ***Vollendung***, zur ***Heilung*** der Seelen, zum ***Trost*** den Traurigen, zur ***Aufrichtung*** der Gebeugten. ***Wohl dem***, der darum schon jetzt so etwas wie Vorfreude auf diese dieses kosmische Geschehen in sich entdecken kann, oder vielleicht sogar Dankbarkeit dafür, dass diese wunderbare Perspektive genau uns, unseren Lieben und der ganzen Welt gilt. Der kommende Herr rühre darum ***schon jetzt*** mit Hoffnung, Liebe und Dankbarkeit ***unsere*** Herzen an, die Herzen ***unserer Lieben*** und die Herzen ***der ganzen Welt***.

Amen.

V. GESAMTREGISTER FÜR DIE PREDIGTBÄNDE 1-15 (1998 bis 2013)

1. Die Predigtbände

Bd 1 O Land, Land, Land, höre des Herren Wort. Predigten im Jahreskreis (Studien zur Pastoraltheologie und Pastoralpsychologie herausgegeben von Tõnu Lehtsar). Tartu 1998

Bd 2 ... allein durch den Glauben. Predigten im Jahreskreis (Studien zur Pastoraltheologie und Pastoralpsychologie Bd 2 herausgegeben von Tõnu Lehtsar). Tartu 1999

Bd 3 Des Herrn Werke verkündigen. Predigten im Jahreskreis (Studien zur Pastoraltheologie und Pastoralpsychologie Bd 3 herausgegeben von Tõnu Lehtsar). Tartu 2000

Bd 4 Auf Dein Wort hin. Predigten im Jahreskreis (Studien zur Pastoraltheologie und Pastoralpsychologie Band 4 herausgegeben von Tõnu Lehtsar). Tartu 2000

Bd 5 Quelle lebendigen Wassers. Predigten im Jahreskreis (Studien zur Pastoraltheologie und Pastoralpsychologie Band 5 herausgegeben von Tõnu Lehtsar). Tartu 2002

Bd 6 Brot des Lebens. Predigten im Jahreskreis (Studien zur Pastoraltheologie und Pastoralpsychologie Band 6 herausgegeben von Tõnu Lehtsar). Tartu 2003

Bd 7 Licht auf dem Wege. Predigten im Jahreskreis. Breklum 2004

Bd 8 Auf Christus getauft. Predigten im Jahreskreis. Breklum 2005

Bd 9 Ehre sei Gott in der Höhe. Predigten im Jahreskreis. Nübbel/ Risum 2006

Bd 10 Von Gottes Engeln wohl behütet. Predigten im Jahreskreis. Nübbel/ Risum 2007

Bd 11 Heller Schein in den Herzen. Predigten im Jahreskreis. Nübbel/Risum 2008

Bd 12 Das Wort vom Kreuz. Predigten im Jahreskreis. Nübbel/ Risum 2009

Bd 13 Von Ewigkeit zu Ewigkeit. Predigten im Jahreskreis, Hamburg 2010

Bd 14 Himmelsbrot. Predigten im Jahreskreis. Berlin 2011

Bd 15 Salz der Erde. Predigten im Jahreskreis. Berlin 2013

2. Register der Bibelworte

Altes Testament

Pentateuch

Geschichtsbücher

Lehrbücher

Propheten

Neues Testament

Evangelien

Apostelgeschichte

Briefe

Offenbarung

Evangelisches Gesangbuch

3. Register nach Sonn- und Feiertagen

(möglichst nach Predigtreihen sortiert)

Advent

Weihnachten und Jahreswechsel

Epiphanias

Passion

Ostern

Pfingsten

Nach Trinitatis

VI. ANMERKUNGEN

1 Diese Predigtbände sind in vielen Bibliotheken erreichbar, am besten im Bibliotheks- und Medienzentrum der Nordkirche. Vgl. auch „Gemeinsamer Bibliotheksverbund (in Norddeutschland) GBV http://www.gbv.de/

2 Vgl. Lutherische Liturgische Konferenz (Hrsg.), Perikopenbuch, Hannover 1985[6]

3 den 2.12.2012. Vgl. Online Predigten, hg. von Christoph Dinkel, Isolde Karle, Johannes Neukirch (http://predigten.evangelisch.de/predigt/predigt-ueber-lukas-1-67-79-von-andreas-pawlas v. 26.12.2012)

4 den 25.12.2011 Vgl. Göttinger Predigten im Internet hg. von U. Nembach (http://www.predigten.uni-goettingen.de/predigt.php?id=3242&kennung=20111225de)

5 den 25.12.2012. Vgl. Göttinger Predigten im Internet hg. von U. Nembach (http://www.predigten.uni-goettingen.de/predigt.php?id=3960&kennung=20121225de

6 den 8.1.2012. Vgl. Göttinger Predigten im Internet hg. von U. Nembach (http://www.predigten.uni-goettingen.de/bgpredigt.php?id=319&kennung=de v. 14.1.2012)

7 10.2.2013. Vgl. : Göttinger Predigten im Internet hg. von U. Nembach (http://www.predigten.uni-goettingen.de/predigt.php?id=4070&kennung=20130210de v. 5.2.2013)

8 den 29.03.13. Vgl. Online Predigten, hg. von Christoph Dinkel, Isolde Karle, Johannes Neukirch (http://predigten.evangelisch.de/predigt/predigt-ueber-matthaeus-27-33-50-von-andreas-pawlas)

9 den 08.04.2012. Vgl. Online Predigten, hg. von Christoph Dinkel, Isolde Karle, Johannes Neukirch (http://predigten.evangelisch.de/predigt/predigt-zu-1-samuel-2-1-26-8a-von-andreas-pawlas v. 4.4.2012)

10 den 1.5.2011 in Sparrieshoop

11 den 21.04. 2013. Vgl. Göttinger Predigten im Internet hg. von U. Nembach (http://www.predigten.uni-goettingen.de/predigt.php?id=4238&kennung=20130421de v. 16.4.2013)

12 am 29.5.2011. Vgl. Göttinger Predigten im Internet hg. von U. Nembach (http://www.predigten.uni-goettingen.de/predigt.php?id=2894&kennung=20110529de)

13 am 17. Juni 2012. Vgl. Online Predigten, hg. von Christoph Dinkel, Isolde Karle, Johannes Neukirch (http://predigten.evangelisch.de/predigt/predigt-ueber-1-korinther-14-1-320-25-von-andreas-pawlas v. 11.6.2012)

14 den 8.7.2012. Vgl. Göttinger Predigten im Internet hg. von U. Nembach (http://www.predigten.uni-goettingen.de/predigt.php?id=3642&kennung=20120708de v. 3.7.2012)

15 den 31. 7. 2011, in Sparrieshoop

16 den 21.8.2011. Vgl. Göttinger Predigten im Internet hg. von U. Nembach (http://www.predigten.uni-goettingen.de/predigt.php?id=3042&kennung=20110821de)

17 den 28.10.2012. Vgl. Göttinger Predigten im Internet hg. von U. Nembach (http://www.predigten.uni-goettingen.de/predigt.php?id=3825&kennung=201210 28de v. 23.10.2012)

18 den 16.11.2011 Vgl. : Göttinger Predigten im Internet hg. von U. Nembach (http:// http://www.predigten.uni-goettingen.de/predigt.php?id=3184&kennung=20111116de)

19 den 11.09.2011 in Sparrieshoop zum Dorffest mit Oldtimer-Ausstellung und Gospel-Chor

20 den 20. 11. 2011 Vgl. online-predigten.de, hg. von Christoph Dinkel, Isolde Karle und Johannes Neukirch (http://predigten.evangelisch.de/predigt/predigt-zu-lukas-12-42-48-von-andreas-pawlas)

Printed by Books on Demand GmbH, Norderstedt / Germany